Dr. A. Frey

Die heissen Luft- und Dampfbäder in Baden - Baden

Dr. A. Frey

Die heissen Luft- und Dampfbäder in Baden - Baden

ISBN/EAN: 9783741166198

Hergestellt in Europa, USA, Kanada, Australien, Japan

Cover: Foto ©Andreas Hilbeck / pixelio.de

Manufactured and distributed by brebook publishing software (www.brebook.com)

Dr. A. Frey

Die heissen Luft- und Dampfbäder in Baden - Baden

Verlag von F. C. W. VOGEL in Leipzig.

1881 wird in meinem Verlage erscheinen:

HANDBUCH
DER
HYGIENE
UND DER
GEWERBEKRANKHEITEN.

Herausgegeben von

Dr. A. Baer in Berlin, Dr. Erismann in Moskau, Dr. C. Flügge in Göttingen, Prof. J. Forster in Amsterdam, Prof. A. Geigel in Würzburg, Prof. F. Gscheidlen in Wien, Prof. L. Hirt in Breslau, Prof. A. Hilger in Erlangen, Dr. A. Kunkel in Würzburg, Dr. G. Merkel in Nürnberg, Prof. v. Pettenkofer in München, Dr. F. Renk in München, Dr. J. Soyka in München, Dr. A. Schuster in München, Dr. G. Wolffhügel in Berlin und Prof. H. v. Ziemssen in München.

Redigirt von

Prof. Dr. H. VON ZIEMSSEN in München.

3 Theile in 7 Abtheilungen.

Erster Theil.
I. Abthlg. EINLEITUNG. Prof. v. Pettenkofer. — SPECIELLER THEIL. A. Individuelle Hygiene. Ernährung, Nahrungsmittel von Prof. Forster — Nahrungsmittelfälschung von Prof. Hilger.
II. Abthlg. Fermenta. Luft von Dr. Renk — Boden von Dr. Soyka — Kleidung von Dr. Renk — Wohnung von Dr. Flügge.

Zweiter Theil.
III. Abthlg. B. Sociale Hygiene. I. Grössere Gemeinwesen: Anlage von Ortschaften von Dr. Flügge — Massenernährung von Dr. Wolffhügel — Abfuhr von Dr. Erismann — Beerdigungswesen von Dr. Schuster.
IV. Abthlg. II. Specielle sociale Einrichtungen: Schulen von Dr. Erismann — Kasernen von Dr. Schuster — Fabriken von Dr. Merkel — Gefängnisse von Dr. Baer — Krankenanstalten von Prof. v. Ziemssen und Prof. Geigel — Oeffentliche Bäder von Dr. Renk — Verkehrsanstalten von Dr. Kunkel.
V. Abthlg. C. Volkskrankheiten von Dr. Soyka.
VI. Abthlg. ANHANG: Die Gewerbekrankheiten von Prof. Hirt und Dr. Merkel.

Dritter Theil.
VII. Abthlg. ALLGEMEINER THEIL von Prof. Geigel.

Dies, unter der Redaction der Herren Professoren v. ZIEMSSEN und v. PETTENKOFER von den anerkanntesten Fachmännern herausgegebene, für *praktische Aerzte, Behörden, Beamte öffentlicher Anstalten, Techniker, Bibliotheken* etc. wichtige und unentbehrliche

Handbuch der Hygiene

wird in 3 Theilen oder 7, sich rasch folgenden, Abtheilungen erscheinen.

Jede Abtheilung wird auch einzeln käuflich sein.

Das Handbuch der Hygiene erscheint zugleich als **Dritte umgearbeitete Auflage** des I. Bandes von v. Ziemssen's Handbuch der Speciellen Pathologie und Therapie.

Bestellungen nehmen alle Buchhandlungen entgegen.

MEDICINISCHER VERLAG VON F. C. W. VOGEL IN LEIPZIG.

v. ZIEMSSEN'S HANDBUCH
DER
SPECIELLEN PATHOLOGIE UND THERAPIE.

I. Band.	Oeffentliche Gesundheitspflege. 3. Aufl. Unter der Presse.	
II. Band. 1.	} Acute Infectionskrankheiten. Zweite Auflage.	12 M.
II. Band. 2.		15 M.
III. Band.	Syphilis. Invasionskrankh. Infectionen d. thier. Gifte. 2. Aufl.	12 M.
IV. Band. 1.	Krankheiten des Kehlkopfs. Zweite Auflage.	11 M.
IV. Band. 2.	Trachea und Bronchien. Zweite Auflage.	10 M.
V. Band.	Lungenkrankheiten. Zweite Auflage.	15 M.
VI. Band.	Herzkrankheiten. Zweite Auflage.	15 M.
VII. Band. 1.	Mund. Gaumen. Rachen. Oesophagus. Zweite Auflage.	10 M.
VII. Band. 1.	Anhang. Oesophagus (apart.).	4 M.
VII. Band. 2.	Magen und Darm. Zweite Auflage.	14 M.
VIII. Band. 1.	Leber und Galle. Complet. Zweite Auflage.	15 M.
VIII. Band. 2.	Milz. Nieren. Zweite Auflage.	10 M.
IX. Band. 1.	} Harnapparat. Zweite Auflage.	10 M.
IX. Band. 2.		11 M.
X. Band.	Weibliche Geschlechtsorgane. Fünfte Auflage.	10 M.
XI. Band. 1.	Gehirnkrankheiten. Zweite Auflage.	20 M.
XI. Band. 2.	Krankheiten des Rückenmarks. Zweite Auflage.	20 M.
XII. Band. 1.	} Nervenkrankheiten. Zweite Auflage.	10 M.
XII. Band. 2.		14 M.
XII. Band.	Anhang: Kussmaul, Störungen der Sprache. 2. Auflage.	6 M.
XIII. Band. 1.	Bewegungsapparat. Erkältungs-Krankheiten. Scrophulose. Lymphdrüsen. Diabetes. Zweite Auflage.	12 M.
XIII. Band. 2.	Allgemeine Ernährungsstörungen. Zweite Auflage.	15 M.
XIV. Band.	Hautkrankheiten. Wird 1881 erscheinen.	
XV. Band.	Intoxicationen. Zweite Auflage.	12 M.
XVI. Band.	Geisteskrankheiten. Zweite Auflage.	15 M.

Gebundene Exemplare, in geschmackvollen dauerhaften Halbfranzbänden, sind durch jede Buchhandlung zu beziehen.

☞ Jeder Band ist auch einzeln käuflich. ☜

---

v. ZIEMSSEN'S HANDBUCH
kann auch nach und nach bezogen werden in der
Neuen Ausgabe in 55 Lieferungen
zu 6 Mark.

Jeden Monat erscheinen 2 Lieferungen. Einzelne Lieferungen werden nicht abgegeben.

☞ In die Subscription kann jederzeit eingetreten werden. ☜

MEDICINISCHER VERLAG VON F. C. W. VOGEL IN LEIPZIG.

HANDBUCH
DER
ALLGEMEINEN THERAPIE

bearbeitet von

Prof. J. BAUER in München, Prof. F. BUSCH in Berlin,
Prof. W. ERB in Leipzig, Prof. A. EULENBURG in Greifswald, Dr. C. FABER in
Stuttgart, Prof. TH. JÜRGENSEN in Tübingen, Prof. O. LEICHTENSTERN in
Köln, Prof. C. LIEBERMEISTER in Tübingen, Prof. J. OERTEL in München,
Dr. HERM. WEBER in London, Dr. W. WINTERNITZ in Wien und
Prof. H. v. ZIEMSSEN in München.

Herausgegeben
von

Prof. H. VON ZIEMSSEN in München.

gr. 8. 4 Bände (in 10 Theilen). Mit Holzschnitten. 1880. 1881.

ERSTER BAND.

1. Theil.	Einleitung	Prof. v. ZIEMSSEN.
	Kranken-Diätetik, künstliche Ernährung, diätetische Heilmethoden etc.	Prof. J. BAUER.
2.3. Theil.	Antipyretische Heilmethoden (Wärmeentziehung) Antiphlogistische Heilmethoden, Allgem. Blutentziehungen, Transfusion	Prof. LIEBERMEISTER. Prof. TH. JÜRGENSEN.
	Percutane, intracutane und subcutane Arzneiapplication	Prof. A. EULENBURG.
4. Theil.	Respirationstherapie	Prof. J. OERTEL.

ZWEITER BAND.

1. Theil.	Klimatotherapie (incl. Höhenklima)	Doct. H. WEBER.
	Allgemeiner Balneotherapie	Prof. O. LEICHTENSTERN.
2. Theil.	Seereisen	Doct. C. FABER.
3. Theil.	Hydrotherapie	Doct. W. WINTERNITZ.

DRITTER BAND.

Elektrotherapie . . . . Prof. W. ERB.

VIERTER BAND.

Heilgymnastik, Orthopädie, Massage . . . . . . Prof. F. BUSCH.
Allgemeine Therapie örtlicher Kreislaufsstörungen (antihydropische, diaphoretische u. a. Heilmethoden) . . Prof. v. ZIEMSSEN.

Erschienen sind: I. Band. 2.3. Theil. 9 M.
II. Band. 1. Theil. 9 M. — 2. Theil. 6 M.

v. ZIEMSSEN'S Handbuch der Allgemeinen Therapie wird in 10 abgeschlossenen, rasch nach einander erscheinenden Theilen, von welchen jeder einzeln käuflich sein wird, erscheinen.

MEDICINISCHER VERLAG VON F. C. W. VOGEL IN LEIPZIG.

Hermann's Handbuch der Physiologie.

ERSTER BAND.
Physiologie der Bewegungsapparate.

I. Theil.	Allgemeine Muskelphysik	Prof. L. Hermann.	10 ℳ
	Stoffwechsel der Muskeln	Prof. O. Nasse.	
II. Theil.	Flimmer- und Protoplasmabewegung	Prof. W. Engelmann.	9 ℳ
	Stimme und Sprache	Doct. P. Grützner.	
	Specielle Bewegungslehre	Prof. A. Fick.	

ZWEITER BAND.
Physiologie des Nervensystems.

I. Theil.	Allgemeine Nervenphysiologie . . .	Prof. L. Hermann.	6½ ℳ
	Specielle Nervenphysiologie . . .	Prof. Sigm. Mayer.	
II. Theil.	Rückenmark. — Gehirn	Prof. C. Eckhard.	10 ℳ
	Grosshirnrinde	Prof. Sigm. Exner.	

DRITTER BAND.
Physiologie der Sinnesorgane.

I. Theil.	Gesichtssinn; Dioptrik	Prof. A. Fick.	15 ℳ
	Chemische Vorgänge in der Netzhaut	Prof. W. Kühne.	
	Raumsinn des Auges, Augenbewegung	Prof. E. Hering.	
II. Theil.	Gehör	Prof. V. Hensen.	12 ℳ
	Geschmackssinn. — Geruchssinn . .	Prof. M. v. Vintschgau.	
	Tastsinn und Gemeingefühle . . .	Prof. O. Funke.	
	Temperatursinn	Prof. E. Hering.	

VIERTER BAND.
Physiol. des Kreislaufs, der Athmung u. d. thierischen Wärme.

I. Theil.	Blut und Blutbewegung	Prof. A. Rollett.	13 ℳ
	Innervation der Kreislauforgane .	Prof. H. Aubert.	
II. Theil.	Blutgase und respirator. Gaswechsel	Prof. N. Zuntz.	ℳ
	Athembewegungen u. Innerval. ders.	Prof. J. Rosenthal.	
	Thierische Wärme		

FÜNFTER BAND.
Physiologie der Absonderung und Aufsaugung.

I. Theil.	Physiologie d. Absonderungsprocesse	Prof. R. Heidenhain.	16 ℳ
	Schweissabsonderung	Prof. B. Luchsinger.	
II.Thl.1.	Verdauungssäfte und Verdauung .	Prof. R. Maly.	6 ℳ
	Resorption, Lymphbild., Assimilation	Prof. W. v. Wittich.	
	Bewegungen der Eingeweide . .	Prof. Sigm. Mayer.	
II.Thl.2.	Chemie der Secrete	Prof. H. Huppert.	ℳ
	Chemie der Gewebe		

SECHSTER BAND.
Physiologie des Gesammt-Stoffwechsels u. d. Fortpflanzung.

I. Theil.	Allgemeiner Stoffwechsel, Ernährung	Prof. C. v. Voit.	14 ℳ
II. Theil.	Zeugung	Prof. V. Hensen.	8 ℳ

= *Jeder Theil ist auch einzeln käuflich.* =

DIE HEISSEN
LUFT- UND DAMPFBÄDER

IN

BADEN-BADEN.

EXPERIMENTELLE STUDIE

ÜBER IHRE WIRKUNG UND ANWENDUNG

VON

Dr. A. FREY,
PRACT. ARZT

UND

Dr. F. HEILIGENTHAL,
GROSSHERZOGL. BADEARZT UND DIRECTOR DES FRIEDRICHSBADES.

MIT 4 TAFELN.

LEIPZIG,
VERLAG VON F. C. W. VOGEL.
1881.

Die grosse Unsicherheit in der Indikation der heissen Luftbäder und Dampfbäder bei den verschiedenen Krankheiten hat lediglich ihren Grund in der mangelhaften Kenntniss über die Wirkungsweise dieser Bäderarten. Sicher hätte jeder Praktiker gern die ihm innewohnende Scheu vor diesen Bädern aufgegeben, hätte er erst nur sicher gewusst, wofür diese vielgepriesenen, von ihm mit so grossem Misstrauen aufgenommenen Bäder eigentlich gut sein könnten.

Bis in die letzten Jahre ging unsere Kenntniss über die Wirkung der Dampfbäder nicht weiter, als aus den landläufigen Redensarten über Stoffwechselbelebung u. s. w. bekannt ist. Diese beruhten allerdings meist auf richtig interpretirten Beobachtungen; doch fehlte ihnen jede physiologische Grundlage. Es war besonders das Verdienst von Bartels, experimentell zuerst die Dampfbäder angewendet zu haben, um zu prüfen, welchen Einfluss dieselben auf die Urinsecretion ausüben. Seit seinem Vorangehen ist die von ihm betretene Bahn der Experimente vielfach verfolgt worden, und unsere Kenntniss über die Wirkung der Dampfbäder hat in den letzten Jahrzehnten wichtige Fortschritte gemacht. Namentlich seit Professor Manassein in Petersburg auf seiner Abtheilung von Kostjurin, Tomas und Anderen mehr die interessantesten Detailfragen über die Wirkungsweise dieser Bäder bearbeiten liess.

Nicht so günstig sind die Verhältnisse bei den heissen Luftbädern, – ihre Wirkung ist noch fast gar nicht erforscht. Wohl weiss man, dass sie den Puls, die Respiration beschleunigen, dass sie die Schweisssecretion steigern, die Urinsecretion vermindern, den Appetit vermehren u. s. w.; doch wo es sich darum handelt, bestimmte Resultate exacter Forschung über die Wirkungsweise dieser Bäder zu finden, stossen wir entweder auf enorme Lücken unseres Wissens oder auf die widersprechendsten

Ansichten; wir wollen hier nur an die Temperaturbeobachtungen erinnern; die Einen fanden die Temperatur unverändert, die Andern gesteigert während der Bäder.

Der Grund dieser eigenthümlichen Erscheinung ist sehr naheliegend. Während die Dampfbäder schon seit Jahrhunderten allgemein eingeführt sind und jetzt jede grössere Stadt, fast jedes Spital seine Vorrichtungen dafür hat, sind die heissen Luftbäder noch sehr wenig bekannt, und nur in den allergrössten Badeanstalten finden wir diese Badeart vertreten.

Hier in Baden ist durch die Munificenz unseres Fürsten ganz in neuester Zeit eine Badeanstalt errichtet worden, die in ihren Dimensionen grossartig, in ihrer inneren Einrichtung geradezu mustergiltig genannt werden muss. Die schönsten Räume dieses Baues sind zu Dampfbädern und heissen Luftbädern eingerichtet, und seit die Anstalt bekannt ist, kommen Tausende von Kranken jährlich hierher, um diese Bäder zu benützen.

Täglich tritt dem hier practicirenden Arzte die Frage des Patienten entgegen „soll ich Dampfbäder, soll ich heisse Luftbäder nehmen? wie lange soll ich im heissen Raume bleiben? wie soll ich mich abkühlen? wie soll ich meine Lebensweise während der Kur regeln?" u. s. w. Selbst die genaueste objective Untersuchung des Kranken, das vorsichtigste Erwägen aller Umstände der Krankheit u. s. w. können dem Arzte nicht über die Schwierigkeit der gestellten Fragen hinweghelfen, so lange die Wirkung der heissen Luftbäder noch so wenig erforscht ist.

Von diesem Gesichtspunkte aus wird es begreiflich, wenn trotz des reichen Beobachtungsmaterials über die Wirkung der Dampfbäder, wir es unternehmen über die Wirkung der heissen Luftbäder und Dampfbäder Versuche anzustellen, die den Einfluss bei den Bädern auf die Innervation, Circulation, Respiration und Stoffwechsel am Gesunden zu zeigen geeignet sind.

Erst wenn die allgemeinen Wirkungen beider so nahverwandter Bäderarten in all ihren Details klar vor uns liegen, können wir die Wirkungsweise derselben vergleichen und es wagen, die Indication derselben für die verschiedenen Krankheiten mit grösster Reserve vorläufig festzustellen.

Baden, im Dezember 1880.

Inhaltsverzeichniss.

ERSTER THEIL.
Beschreibung und Erklärung der Versuche.

	Seite
Vorbemerkung	1
Beschreibung der Versuche	5
1. Normaltage	7
2. Tage mit heissen Luftbädern	10
3. Normaltage	23
4. Tage mit Dampfbädern	26
5. Normaltage	37
Erklärung der Versuche:	
1. Imperspiration	42
2. Circulation	48
3. Respiration	59
4. Wärmebilanz	63
5. Stoffwechsel	86
a. Urinbestimmung	87
b. Schweissbestimmungen	110
c. Körpergewichtsbestimmung	118
d. Allgemeine Ernährung	123
e. Nervöse Einflüsse	125
Resumé der Untersuchungen	129

ZWEITER THEIL.
Ueber die Indicationen und den Gebrauch der heissen Luft- und Dampfbäder.

I. Die Indicationen der heissen Luft- und Dampfbäder	133
a. Als Mittel zur Erhaltung und Pflege der Gesundheit,	
b. Als Heilmittel gegen Krankheiten und zwar:	
1. Bei chronisch rheumatischen und gichtischen Erkrankungen	139
2. Bei Skrophulose	141

	Seite
3. Fettsucht	144
4. Constitutionelle Syphilis	146
5. Krankheiten der Respirationsorgane	147
6. Krankheiten des Herzens	150
7. Erkrankungen der Organe des Unterleibes	151
8. Krankheiten des Nervensystems	153
9. Hautkrankheiten	154
10. Krankheiten der Knochen, der Gelenke und ihrer Bänderapparate	155
II. Einiges über die Methode des Badens in den heissen Luft- und Dampfbädern	159
III. Plan und Beschreibung der grossen Gesellschaftsbäder im Friedrichsbade zu Baden-Baden	166

ERSTER THEIL.

Beschreibung und Erklärung der Versuche.

Vorbemerkungen.

Während bis jetzt alle Forscher, die über die Wirkung der heissen Luftbäder und Dampfbäder arbeiteten, so zu Werke gingen, dass sie von einer grösseren Anzahl von Personen, gesunden und kranken, die gerade diese Bäder nahmen, Beobachtungen über Puls, Respiration, Temperatur, Urinausscheidung u. s. w. machten, und aus zahlreichen Einzelbeobachtungen Mittelwerthe zogen, die über zufällige Schwankungen erhaben sind, suchten wir bei unseren Experimenten alle störenden Einflüsse im Prinzipe auszuschliessen. Dies war nur so möglich, dass wir eine Lebensweise und eine Art der Ernährung festsetzten, die während der ganzen Zeit der Experimente mit grösster Strenge eingehalten werden musste.

Naheliegend ist, dass wir unter solchen Umständen keine fremden Personen zu unseren Versuchen beiziehen konnten, sondern wir gezwungen waren an uns selbst die Experimente zu machen. Mit dieser Mühe übernahmen wir jedoch zugleich den grossen Vortheil aus eigener Wahrnehmung Gefühle von Behagen, Unbehagen u. s. w., wie sie während der Bäder häufig beobachtet werden, und die balneotherapeutisch von grösstem Belange sind, an uns selbst kennen zu lernen.

Die erste praktische Frage, die gelöst werden musste, war die der Ernährung. Es musste eine einfache Nahrung gefunden werden, die täglich genau in derselben Qualität und Quantität geliefert werden konnte, und die zugleich im Stande war, 14 Tage hindurch unsern Körper im Gleichgewichte des Stoffwechsels zu erhalten. Herr Geheimer Rath Beneke, den wir in dieser Frage um seinen Rath angingen, hatte die Güte, uns ein Schema für Normaldiät zu entwerfen, welches wir nach zahlreichen Vorversuchen auch mit einigen Abänderungen für die Zeit der Experimente einhielten. Die Hauptabänderung war eine Verminderung der stickstofffreien Nahrung und eine Vermehrung der stickstoffhaltigen, entsprechend unserer gewöhnlichen Lebensweise.

Die Nahrung für die Zeit der Experimente war für F.

Morgens 8 Uhr:

2 Tassen Kaffee mit Brod bestehend aus:

Wasser	. .	200 Grm.
Milch	. .	200 ,,
Kaffee	. .	20 ,,
Zucker	. .	25 ,,
Weissbrod	.	50 ,,

Mittags 2 Uhr:

1 Tasse Bouillon, 1 Beafsteak, Kartoffel, Apfel und Wein (alter Markgräfler), Brod, bestehend aus:

Bouillon	. .	297 Grm.
Lendenfleisch		234 ,,
Salz	. . .	3 ,,
Butter	. .	15 ,,
Kartoffel	. .	70 ,,
Apfel	. . .	90 ,,
Brod	. . .	60 ,,
Wein	. . .	360 ,,

Abends 8 Uhr:

Kaltes Fleisch, Brod, Bier, bestehend aus:

Lendenfleisch		150 Grm.
Brod	. . .	60 ,,
Bier	. . .	1000 ,,

Um 11 Uhr Abends:

1 Tasse Thee, bestehend aus:

Wasser	. .	110 Grm.
Thee	. . .	2 ,,
Milch	. .	10 ,,
Zucker	. .	10 ,,

Für *H*

Morgens 8 Uhr:
Frisches Wasser, Thee mit Brod, bestehend aus:

  Wasser . . 698 Grm.
  Wasser . . 167 „
  Thee . . . 10 „
  Zucker . . 26 „
  Milch . . . 154 „
  Brod . . . 106 „

Mittags 2 Uhr:
1 Tasse Bouillon, Beafsteak, Kartoffel, Apfel, Wein, Brod, bestehend aus:

  Bouillon . . 397 Grm.
  Lendenfleisch 322 „
  Salz . . . 5 „
  Butter . . 20 „
  Kartoffel . . 70 „
  Apfel . . . 90 „
  Brod . . . 60 „
  Wein . . . 500 „

Abends 8 Uhr:
Kaltes Fleisch, Brod, Wein, bestehend aus:

  Lendenfleisch 245 Grm.
  Brod . . . 60 „
  Wein . . . 500 „

Nach Dr. J. König's „Chemische Zusammensetzung der Nahrungsmittel u. s. w." haben wir die Zusammensetzung der täglichen Nahrungsmenge für *F* und *H* berechnet und gefunden, dass

F täglich consumirt
  2562,5 Grm. Wasser
  137,92 „ stickstoffhaltige wasserfreie Substanz
  231,5 „ stickstofffreie wasserfreie Substanz
  27,6 „ Salze.

H täglich consumirt
  2862,2 Grm. Wasser
  160,6 „ stickstoffhaltige wasserfreie Substanz
  270,8 „ stickstofffreie wasserfreie Substanz
  31,4 „ Salze.

Nach diesen Werthen hat auf 1 Kgr. Körpergewicht berechnet

F. täglich 39,0 Grm. *H* 33,0 Grm. Wasser
        2,09 „   1,9 „   stickstoffhaltige Substanz
        3,50 „   3,0 „   stickstofffreie Substanz
        0,4 „   0,3 „   Salz
zur Verfügung.

Hier seien noch einige Angaben über die Person der beiden Experimentatoren und über ihre regelmässige Beschäftigung vorausgeschickt.

F. 31 Jahre alt; gracil gebaut, 66170 Grm. Körpergewicht; Musculatur entsprechend; wenig Fett; Körperlänge 180 Ctm. Vitale Capacität der Lungen 3750 Ccm., Percussion und Auscultation der Lungen und des Herzens normale Verhältnisse zeigend; Puls an der Radialis 74 in der Minute, kräftig, von Zeit zu Zeit etwas aussetzend; Venen nirgends stark hervortretend; Herz sehr erregbar. Schnelles Steigen einer Treppe kann den Puls auf 120 Schläge in der Minute steigern. Ebenso wirken psychische Eindrücke sehr stark. Respirationen circa 17, Stimmung im Allgemeinen heiter.

Die Beschäftigung bestand während der ganzen Versuchszeit in der regelmässigen Ausübung der ärztlichen Praxis.

Um 8 Uhr Morgens stand *F.* auf, nahm gegen 9 Uhr den Kaffee und machte darnach bis 12 Uhr Krankenbesuche im Wagen.

Von 12—2 Uhr machte *F.* an den Tagen, an denen nicht geladet wurde, die Urinanalysen.

Von 2—3 Uhr Mittagessen.

Von 3—5 Uhr Sprechstunde.

Von 5 Uhr Abends ab Besuche bis gegen 8 Uhr des Abends.

Um 8 Uhr Abendbrod und darnach nochmals Arbeit im Laboratorium bis gegen 11 Uhr.

H. 44 Jahre alt, sehr kräftig gebaut; Körpergewicht 88110 Grm. Musculatur kräftig entwickelt; ziemliche Fettablagerung am Rumpf, weniger an den Extremitäten. Körperlänge 180 Ctm. Vitale Capacität der Lunge 4000 Ccm. Percussion und Auscultation der Lungen und des Herzens normale Verhältnisse zeigend. Puls an der Radialis 58 in der Minute, kräftig, voll, regelmässig.

— Arterien leicht comprimirbar, nirgends eine Spur von Atherom.
— Venen nirgends abnorm erweitert.
Respirationen ca. 16 in der Minute. Stimmung im Allgemeinen ruhig.
Beschaffigung im Allgemeinen wie bei *F*.

Allbekannt ist der Einfluss, den geistige und körperliche Anstrengung auf den Stoffwechsel ausüben, und es konnte leicht uns der Einwand gemacht werden, dass das genannte Moment bei unseren Versuchen nicht hinreichend berücksichtigt wurde. Wir geben zu, dass dieser Einfluss bei unseren Versuchen nicht ganz ausgeschlossen bleibt und auch wohl nie von einem Experimentator, der an sich arbeitet, ausgeschlossen werden kann; doch glauben wir, dass bei der Gleichmässigkeit der täglichen Beschäftigung auch dieser Einfluss sich täglich gleichmässig geltend machen muss und deshalb bei unseren Versuchen übergangen werden darf, um so mehr als gegenüber den so sehr markirten Resultaten, die wir hier zu verzeichnen haben, ihr Einfluss verschwindend klein sein dürfte.

Es folgen hier unsere Experimente in ziemlicher Ausführlichkeit, und wir wollen versuchen, mit Berücksichtigung des bereits Bekannten die Wirkungsweise der beiden Luftbäder und Dampfbäder auf den gesunden Organismus zu erklären — und daraus die Indication und Contraindication für ihre Anwendung bei Kranken abzuleiten.

Beschreibung der Versuche.

Erst als zahlreiche Vorversuche uns gezeigt hatten, dass wir bei bereits angegebener Diät im Stande seien einige Zeit auszuhalten und dass bei dieser Diät unser Stoffwechsel in einem gewissen Gleichgewicht sei, wie sich ja leicht aus der Constanz der Körpergewichte und der Urinsecretion beweisen liess, konnten wir es unternehmen unsere Versuche zu beginnen.

Am 9. Februar 1880 Mittags 12 Uhr begannen wir unsere Versuche.

Nach vorhergegangener Entleerung von Blase und Rectum wurde eine genaue Körpergewichtsbestimmung vorgenommen, darnach (bei ruhiger Rückenlage) Puls und Respiration gezählt und die Temperatur in Axilla und Rectum gemessen. Eben angegebene Bestimmungen wurden während der ganzen Versuchszeit mit grösster Regelmässigkeit stets um 12 Uhr Mittags, von wo unser Versuchstag beginnt, vorgenommen.

Von circa drei zu drei Stunden wurde der Urin gelassen und gesammelt; am folgenden Tage um 12 Uhr wurde stets die Menge gemessen und die Analyse vorgenommen.

Die Stuhlentleerung erfolgte äusserst regelmässig stets Morgens zwischen 5 und 9 Uhr und zeigte nie Störungen; darum wollen wir uns auch damit begnügen, der Vollständigkeit halber, wenigstens dieser Funktionen hier gedacht zu haben.

Die ersten drei Tage unserer Versuchsweise waren der Bestimmung des Pulses, der Respiration, des Körpergewichtes, der Temperatur und der Urinausscheidung gewidmet, um genau an diesen Tagen die normalen Vorgänge in genannter Richtung festzustellen; es sei daher gestattet, diese drei Tage kurz Normaltage zu nennen; sie bilden die erste Periode unserer Versuche.

Die zweite Periode besteht ebenfalls aus drei Versuchstagen, an denen in der ganzen übrigen Lebensweise absolut nichts geändert wurde; nur wurde täglich von 12—2 Uhr, also gleich zu Beginn des Versuchstages, ein heisses Luftbad genommen.

Die dritte Periode entspricht genau der ersten; es sind drei Normaltage eingeschaltet, um die Nachwirkung der heissen Luftbäder zu controliren.

Die vierte Periode entspricht genau der zweiten; es sind wieder drei Tage, an denen gebadet wurde, nur mit dem Unterschiede, dass in dieser Periode Dampfbäder genommen wurden.

Die fünfte Periode entspricht der dritten; sie zeigt die Nachwirkung der Dampfbäder. — Leider haben äussere Verhältnisse uns gezwungen, schon nach dem zweiten Versuchstage unsere Versuche abzubrechen.

ERSTE PERIODE.

Drei Normaltage.

Vom 9. Februar Mittags 12 Uhr bis 12. Februar Mittags 12 Uhr.

1. **Versuchstag vom 9. Februar 12 Uhr Mittags bis 10. Februar 12 Uhr Mittags.**

I. Körpergewicht am Beginne des Versuchstages 66170 Grm. am Schluss des Versuchstages 66170 Grm.

Puls 73 in der Minute.
Respiration 18 in der Minute.
Temperatur Axilla 37,0° C.
Temperatur Rectum 37,8° C.

Urin hellgelb, klar, sauer.

Menge	 1600	Ccm.	also
		24,2 „	auf 1 Kgr. Körpergewicht,
specifisches Gewicht	1019,0		
Harnstoffmenge . .	46,40 Grm.		also 2,90 Proc. mithin
	0,703 „		auf 1 Kgr. Körpergewicht,
Harnsäuremenge .	0,600 „		also 0,036 Proc. mithin
	0,009 „		auf 1 Kgr. Körpergewicht.

Allgemeinbefinden gut.

II. Körpergewicht am Beginne des Versuchstages 55110 Grm. am Schlusse des Versuchstages 55120 Grm.

Puls 58 in der Minute.
Respiration 15 in der Minute.
Temperatur Axilla 37,0° C.
Temperatur Rectum 37,5° C.

Urin rothgelb, leicht getrübt, stark sauer.

Menge	 1550	Ccm.	also
		17,8 „	auf 1 Kgr. Körpergewicht,
specifisches Gewicht	1023,0		
Harnstoffmenge . .	54,25 Grm.		also 3,50 Proc. mithin
	0,618 „		auf 1 Kgr. Körpergewicht,
Harnsäuremenge .	0,720 „		also 0,047 Proc. mithin
	0,008 „		auf 1 Kgr. Körpergewicht.

Allgemeinbefinden gut.

2. Versuchstag vom 10. Februar 12 Uhr Mittags auf 11. Februar
12 Uhr Mittags.

F. Körpergewicht am Beginne des Versuchstages 66170 Grm. am
Schlusse des Versuchstages 66160 Grm.
Puls 70 in der Minute.
Respiration 19 in der Minute.
Temperatur Axilla 36,8° C.
Temperatur Rectum 37,5° C.
Urin hellgelb, klar, sauer.
Menge . . . . . 1400 Ctm. also
21,1 „ auf 1 Kgr. Körpergewicht,
specifisches Gewicht 1020,0
Harnstoffmenge . . 44,10 Grm. also 3,15 Proc. mithin
0,668 „ auf 1 Kgr. Körpergewicht,
Harnsäuremenge . 0,620 „ also 0,044 Proc. mithin
0,009 „ auf 1 Kgr. Körpergewicht.
Allgemeinbefinden gut.

II. Körpergewicht am Beginne des Versuchstages 55100 Grm. am
Schlusse des Versuchstages 65140 Grm.
Puls 56 in der Minute.
Respiration 19 in der Minute.
Temperatur Axilla 36,9° C.
Temperatur Rectum 37,1° C.
Urin rothgelb, etwas trübe, stark sauer.
Menge . . . . . 1500 Ctm. also
17,8 „ auf 1 Kgr. Körpergewicht,
specifisches Gewicht 1020,0
Harnstoffmenge . . 57,00 Grm. also 3,80 Proc. mithin
0,848 „ auf 1 Kgr. Körpergewicht,
Harnsäuremenge . . 0,900 „ also 0,080 Proc. mithin
0,010 „ auf 1 Kgr. Körpergewicht.
Allgemeinbefinden gut; etwas Durst; Stuhl sehr fest.

3. Versuchstag vom 11. Februar 12 Uhr Mittags bis 12. Februar
12 Uhr Mittags.

F. Körpergewicht am Beginne des Versuchstages 66100 Grm. am
Schlusse des Versuchstages 06150 Grm.
Puls 70 in der Minute.
Respiration 18 in der Minute.
Temperatur Axilla 37,0° C.
Temperatur Rectum 37,4° C.
Urin hellgelb, klar sauer.

Menge . . . . . 1700 Ccm. also
                    25,7 „ auf 1 Kgr. Körpergewicht,
specifisches Gewicht 1017,0
Harnstoffmenge . . 45,90 Grm. also 2,70 Proc. mithin
                    0,695 „ auf 1 Kgr. Körpergewicht,
Harnsäuremenge .   0,680 „ also 0,040 Proc. mithin
                    0,010 „ auf 1 Kgr. Körpergewicht.
Allgemeinbefinden gut.

H. Körpergewicht am Beginne des Versuchstages 55140 Grm. am Schlusse des Versuchstages 55140 Grm.

Puls 56 in der Minute.
Respiration 19 in der Minute.
Temperatur Axilla 36,7° C.
Temperatur Rectum 37,5° C.

Urin röthlich, klar, sauer.

Menge . . . . . 1800 Ccm. also
                    20,4 „ auf 1 Kgr. Körpergewicht,
Specifisches Gewicht 1022,0
Harnstoffmenge . . 57,60 Grm. also 3,20 Proc. mithin
                    0,845 „ auf 1 Kgr. Körpergewicht,
Harnsäuremenge .   0,918 „ also 0,051 Proc. mithin
                    0,010 „ auf 1 Kgr. Körpergewicht.
Allgemeinbefinden gut.

    Wir sehen, wie bei unserer regelmässigen Beschäftigung Puls, Respiration und Temperatur in ganz engen Grenzen schwanken. — Das Allgemeinbefinden war stets gut, der Appetit vorzüglich, das Körpergewicht zeigte nur ganz unbedeutende Schwankungen, die sich leicht aus Zufälligkeiten erklären lassen. —

    Gleich hier wollen wir die Resultate der Harnanalysen dieser drei Versuchstage in eine kleine Tabelle zusammenfassen und die Mittelwerthe für die verschiedenen Ausgaben berechnen.

    Diese Mittelwerthe, bestimmt an den ersten drei Normaltagen, werden wir als die normalen Endprodukte des Stoffwechsels bei unserer Ernährungsweise betrachten dürfen, und wir werden bei den weitern Beobachtungen stets im Vergleiche mit diesen Werthen unsere Schlüsse ziehen.

Urinausscheidung
an den drei ersten Versuchstagen (drei Normaltage).

		Urinmenge		Specifisches Gewicht	Harnstoff Menge			Harnsäure Menge		
		Ganzes	mit + kdr. Körper gewicht		im Ganzen	auf 1 Kg. Körper-gewicht	pro Cent	im Ganzen	auf 1 Kg. Körper-gewicht	pro Cent
1. Normaltag	F	1650	24,2	1019,0	48,40	0,702	2,90	0,600	0,009	0,026
	H	1550	17,5	1023,0	54,75	0,816	3,40	0,720	0,005	0,047
2. Normaltag	F	1400	21,1	1020,0	41,10	0,866	3,16	0,620	0,009	0,044
	H	1500	17,0	1020,0	57,00	0,611	3,60	0,800	0,010	0,060
3. Normaltag	F	1700	26,7	1017,0	45,90	0,895	2,70	0,650	0,010	0,040
	H	1600	20,4	1022,0	57,60	0,845	3,20	0,915	0,010	0,051
Mittelwerthe	F	1587	25,7	1015,4	45,47	0,865	2,91	0,633	0,009	0,010
	H	1615	18,3	1012,0	55,25	0,825	3,55	0,817	0,009	0,052

ZWEITE PERIODE.

Drei Tage, an denen heisse Luftbäder genommen wurden.

Vom 12. Februar Mittags 12 Uhr bis 15. Februar Mittags 12 Uhr.

Ohne das Geringste in Nahrungs- und Lebensweise u. s. w. gegenüber der vorhergehenden Periode zu ändern, wurde in diesen drei Tagen, täglich zwischen 12 und 2 Uhr, also gleich zu Beginn des Versuchstages, ein heisses Luftbad genommen, und zwar ohne jegliche Combination einfach in folgender Weise.

Vollständig entkleidet wurde bei *F.* und *H.* das Körpergewicht bestimmt und darauf Puls und Respiration und Temperatur in Axilla und Rectum in ruhiger Rückenlage bestimmt.

Mit dem Thermometer in Axilla und Rectum begaben wir uns alsdann in den grossen Raum. Hier wird durch Calorifer die Luft auf circa 50° C. erwärmt, bei einem Feuchtigkeitsgrade von 52.

Auf Ruhebänken ausgestreckt, wurde hier von einem geübten Dritten von 5 zu 5 Minuten Puls und Respiration gezählt und der Stand der Thermometer abgelesen und notirt. Volle 30 Minuten verweilten wir jeweils in diesem Raume, in dem wir uns sehr behaglich fühlten. Schon nach etwa 10—15 Minuten Aufenthalt wurde die Haut an der Brust, dann im Gesicht, an den Händen und später am ganzen Körper geröthet, stark turgescent und erregte das Gefühl des Brennens; diesem Zustande folgte bald Schweissausbruch, der etwa in derselben Reihenfolge sich einstellte.

Als nach 30 Minuten Aufenthalt im grossen Raume der Schweiss über den ganzen Körper schon eingebrochen war, begaben wir uns in den kleinen Raum; hier herrscht bei einer Feuchtigkeit von 45 eine Hitze von 65° C. Die heisse Luft erzeugt gleich beim Eintritt das Gefühl von Unbehagen, von Brennen an der ganzen Oberfläche, ja die eingeathmete Luft selbst erzeugt das Gefühl von Hitze im Innern, während die Exspirationsluft, wenn sie über irgend einen Körpertheil hinwegstreicht, das Gefühl von angenehmer Kühlung erzeugt. — Auch hier wurden wieder die Bestimmungen von Puls und Respiration und Temperatur von 5 zu 5 Minuten vorgenommen. In diesem Raume fing der Schweiss an wirklich in Strömen zu fliessen; doch schon nach 10—15 Minuten Aufenthalt wurde der Zustand unangenehm, die Carotiden pulsirten fühlbar, der Puls wurde enorm schnell, das Gesicht gedunsen bläulich roth; es trat Gefühl von Beklemmung ein, und nach 20 Minuten verliessen wir diesen Raum.

Nachdem die Thermometer abgenommen, begaben wir uns in den Frottirraum, einen Raum, der auf 36° C. gehalten ist und nahmen zunächst eine warme Dusche. Circa eine Minute blieben wir und athmeten in vollen Zügen die feuchte warme Luft dieses Raumes. Nach der Dusche wurde auf einem Schragen der ganze Körper abgeseift, gebürstet und geknetet, eine Prozedur, die circa 5 Minuten in Anspruch nimmt. Den Schluss der Abkühlung bildete ein Tauchbad von 15° C. von einer Minute Dauer und eine kalte Dusche (10° C.) von 20 Sekunden.

Gut abgetrocknet begaben wir uns, nachdem die ganze Abkühlung circa 10 Minuten gedauert, in den Ruhesaal — 22° C. Hier auf ein Bett gelagert und leicht bedeckt, wurden die Thermometer wieder gelegt und von 5 zu 5 Minuten wieder die Bestimmungen von Puls, Respiration und Temperatur gemacht. Wir verweilten in dem Ruheraum in äusserst behaglichem Zustande, bis die Bestimmung ergab, dass Puls, Respiration und Temperatur zu den Anfangswerthen zurückgekehrt waren.

Es folgen die Aufzeichnungen, wie sie von jedem einzelnen Bade vorliegen, und der Uebersichtlichkeit wegen sind sie zugleich in Curven dargestellt.

4. Versuchstag vom 12. Februar 12 Uhr Mittags bis 13. Februar 12 Uhr Mittags.

I. heisses Luftbad am 12. Februar von 12—2 Uhr.

F. Vor dem Bade

  Körpergewicht . 66150 Grm.
  Puls 72
  Respiration . . 15
  Temperatur A. . 36,9
  Temperatur R. . 37,7.

Im Raume von 50° C.

nach 5 Minuten Puls 90
  Respiration . . 16
  Temperatur A. .   war beim Eintritt auf 36,3 gefallen, hat sich jedoch schon wieder auf 36,9 erhoben

  Temperatur R. . 37,7
nach 10 Minuten Puls 94
  Respiration . . 17
  Temperatur A. . 37,1
  Temperatur R. . 37,7
nach 15 Minuten Puls 98   Beginn des Schweisses
  Respiration . . 18
  Temperatur A. . 37,4
  Temperatur R. . 37,7
nach 20 Minuten Puls 104
  Respiration . . 18
  Temperatur A. . 37,5
  Temperatur R. . 37,8
nach 25 Minuten Puls 104
  Respiration . . 18
  Temperatur A. . 37,6
  Temperatur R. . 37,9
nach 30 Minuten Puls 104
  Respiration . . 18
  Temperatur A. . 37,7
  Temperatur R. . 37,9

Im Raume von 65° C.

nach 5 Minuten Puls 110
  Respiration . . 19
  Temperatur A. . 38
  Temperatur R. . 38
nach 10 Minuten Puls 115   sehr starker Schweiss

— 13 —

	Respiration	. .	19	
	Temperatur A.	.	38,3	
	Temperatur R.	.	39,1	
nach 15 Minuten	Puls		120	
	Respiration	. .	19	
	Temperatur A.	.	38,5	
	Temperatur R.	.	39,3	
nach 20 Minuten	Puls . . .		125	grosses Unbehagen
	Respiration	. .	20	
	Temperatur A.	.	38,7	
	Temperatur R.	.	39,4	

Unsicherer Gang beim Verlassen des Raumes.

Abkühlung.

Nach der Abkühlung im Ruheraume

	Puls	. . . .	85
nach 5 Minuten			
	Respiration	. .	15
	Temperatur A.	.	36,0
	Temperatur R.	.	37,7
nach 10 Minuten	Puls		80
	Respiration	. .	15
	Temperatur A.	.	36,7
	Temperatur R.	.	37,7
nach 15 Minuten	Puls . . .		75
	Respiration	. .	15
	Temperatur A.	.	36,8
	Temperatur R.	.	37,7
nach 20 Minuten	Puls		72
	Respiration	. .	15
	Temperatur A.	.	36,9
	Temperatur R.	.	37,7

Körpergewicht nach dem Bade 65190 Grm.

Gewichtsverlust im Bade . . 060 Grm.

Urin vom ganzen Tage roth, klar, kein Sediment, stark sauer.

Menge . . . . . 950 Ccm. also
14,5 „ auf 1 Kgr. Körpergewicht,
specifisches Gewicht 1027,0
Harnstoffmenge . . 39,90 Grm. also 4,20 Proc. mithin
0,004 „ auf 1 Kgr. Körpergewicht,
Harnsäuremenge . 0,560 „ also 0,090 Proc. mithin
0,013 „ auf 1 Kgr. Körpergewicht.

Allgemeinbefinden vorzüglich.

II. vor dem Bade
Körpergewicht . 88140 Grm.
Puls 58

	Respiration	. .	16
	Temperatur A.	.	37,0
	Temperatur R.	.	37,7
Im Raume von 50° C.			
nach 5 Minuten	Puls	. . . .	82
	Respiration	. .	17
	Temperatur A.	.	war beim Eintritt auf 36,5 gefallen, hat sich auf 36,9 gehoben
	Temperatur R.	.	37,7
nach 10 Minuten	Puls	. . . .	66
	Respiration	. .	18
	Temperatur A.	.	37,0
	Temperatur R.	.	37,7
nach 15 Minuten	Puls	. . . .	68
	Respiration	. .	19
	Temperatur A.	.	37,1
	Temperatur R.	.	37,7
nach 20 Minuten	Puls	. . . .	70
	Respiration	. .	20
	Temperatur A.	.	37,2
	Temperatur R.	.	37,7
nach 25 Minuten	Puls	. . . .	70
	Respiration	. .	20
	Temperatur A.	.	37,3
	Temperatur R.	.	37,7
nach 30 Minuten	Puls	. . . .	70
	Respiration	. .	21
	Temperatur A.	.	37,5
	Temperatur R.	.	37,7
Im Raume von 65° C.			
nach 5 Minuten	Puls	. . . .	76
	Respiration	. .	21
	Temperatur A.	.	37,6
	Temperatur R.	.	37,7
nach 10 Minuten	Puls	. . . .	80
	Respiration	. .	21
	Temperatur A.	.	37,9
	Temperatur R.	.	37,9
nach 15 Minuten	Puls	. . . .	84
	Respiration	. .	21
	Temperatur A.	.	38,2
	Temperatur R.	.	38,2
nach 20 Minuten	Puls	. . . .	86
	Respiration	. .	21
	Temperatur A.	.	38,4
	Temperatur R.	.	38,3

Abkühlung.

Nach der Abkühlung im Ruheraume

nach 5 Minuten	Puls	60
	Respiration	16
	Temperatur A.	36,5
	Temperatur R.	38,0
nach 10 Minuten	Puls	60
	Respiration	16
	Temperatur A.	36,7
	Temperatur R.	37,8
nach 15 Minuten	Puls	60
	Respiration	16
	Temperatur A.	37,0
	Temperatur R.	37,7
nach 20 Minuten	Puls	60
	Respiration	16
	Temperatur A.	37,0
	Temperatur R.	37,7

Körpergewicht nach dem Bade 67360 Grm.
Gewichtsverlust im Bade 740 Grm.

Urin vom ganzen Tage roth, etwas Sediment, getrübt.

Menge	1150 Ccm.	mithin	
	13,1	„	auf 1 Kgr. Körpergewicht,
specifisches Gewicht	1026,0		
Harnstoffmenge	46,00 Grm.	also 4,00 Proc. mithin	
	0,522	„	auf 1 Kgr. Körpergewicht,
Harnsäuremenge	1,552	„	also 0,135 Proc. mithin
	0,018	„	auf 1 Kgr. Körpergewicht.

Allgemeinbefinden ausgezeichnet. Hunger und Durst sehr gross, nur mit grösster Ueberwindung zu ertragen ohne Diätüberschreitung. Abends sehr müde.

5. Versuchstag vom 13. Februar 12 Uhr Mittags bis 14. Februar 12 Uhr Mittags.

2. heisses Luftbad am 13. Februar von 12—2 Uhr.

F. vor dem Bade

Körpergewicht	65700 Grm.
Puls	74
Respiration	16
Temperatur A.	37,0
Temperatur R.	37,8

— 16 —

Im Raume von 50° C.

nach 5 Minuten	Puls	. . . .	80
	Respiration	. .	15
	Temperatur A.	.	37,0 nach dem Abfall
	Temperatur R.	.	37,8
nach 10 Minuten	Puls	. . . .	80
	Respiration	. .	16
	Temperatur A.	.	37,1
	Temperatur R.	.	37,8
nach 15 Minuten	Puls	. . . .	96 Schweissausbruch
	Respiration	. .	16
	Temperatur A.	.	37,3
	Temperatur R.	.	37,7
nach 20 Minuten	Puls	. . . .	98
	Respiration	. .	17
	Temperatur A.	.	37,3
	Temperatur R.	.	37,7
nach 25 Minuten	Puls	. . . .	98
	Respiration	. .	17
	Temperatur A.	.	37,3
	Temperatur R.	.	37,7
nach 30 Minuten	Puls	. . . .	104
	Respiration	. .	18
	Temperatur A.	.	37,3
	Temperatur R.	.	37,7.

Im Raume von 65° C.

nach 5 Minuten	Puls	. . . .	110
	Respiration	. .	18
	Temperatur A.	.	37,4
	Temperatur R.	.	37,7
nach 10 Minuten	Puls	. . . .	114
	Respiration	. .	19
	Temperatur A.	.	37,6
	Temperatur R.	.	37,8
nach 15 Minuten	Puls	. . . .	118
	Respiration	. .	19
	Temperatur A.	.	37,9
	Temperatur R.	.	38
nach 20 Minuten	Puls	. . . .	124
	Respiration	. .	20
	Temperatur A.	.	38,1
	Temperatur R.	.	38,2.

Abkühlung.

Nach der Abkühlung im Ruherume

nach 5 Minuten	Puls	. . . .	78
	Respiration	. .	17

	Temperatur A. .	37,4
	Temperatur R. .	37,8
nach 10 Minuten	Puls	78
	Respiration . .	16
	Temperatur A. .	36,9
	Temperatur R. .	37,8
nach 15 Minuten	Puls	78
	Respiration . .	16
	Temperatur A. .	36,9
	Temperatur R. .	37,8
nach 20 Minuten	Puls	79
	Respiration . .	16
	Temperatur A. .	37,0
	Temperatur R. .	37,8

Körpergewicht nach dem Bade 65040 Grm.
Gewichtsverlust im Bade . . 660 Grm.

Urin vom ganzen Tage roth, klar, stark sauer.

Menge . . . . . 1050 Ctm. mithin
                16,0 „ auf 1 Kgr. Körpergewicht,
specifisches Gewicht 1026,5
Harnstoffmenge . . 48,30 Grm. also 4,60 Proc. mithin
                0,732 „ auf 1 Kgr. Körpergewicht,
Harnsäuremenge . 1,260 „ also 0,120 Proc. mithin
                0,019 „ auf 1 Kgr. Körpergewicht.

Allgemeinbefinden gut. Müde gegen Abend.

II. vor dem Bade

	Körpergewicht .	87950 Grm.
	Puls	54
	Respiration . .	17
	Temperatur A. .	38,8
	Temperatur R. .	37,6.

Im Raume von 50° C.

nach 5 Minuten	Puls	58	
	Respiration . .	18	
	Temperatur A. .	36,7	nach dem Abfall
	Temperatur R. .	37,6	
nach 10 Minuten	Puls	62	Schweissausbruch
	Respiration . .	19	
	Temperatur A. .	36,8	
	Temperatur R. .	37,8	
nach 15 Minuten	Puls	66	
	Respiration . .	19	
	Temperatur A. .	36,9	
	Temperatur R. .	37,8	

nach 20 Minuten Puls 66
                 Respiration . . 19
                 Temperatur A. . 37,0
                 Temperatur R. . 37,6
nach 25 Minuten Puls 68
                 Respiration . . 19
                 Temperatur A. . 37,2
                 Temperatur R. . 37,6
nach 30 Minuten Puls 70
                 Respiration . . 19
                 Temperatur A. . 37,3
                 Temperatur R. . 37,6

Im Raume von 65° C.

nach 5 Minuten   Puls 72
                 Respiration . . 20
                 Temperatur A. . 37,4
                 Temperatur R. . 37,7
nach 10 Minuten Puls 74
                 Respiration . . 20
                 Temperatur A. . 37,5
                 Temperatur R. . 37,8
nach 15 Minuten Puls 78
                 Respiration . . 20
                 Temperatur A. . 37,7
                 Temperatur R. . 37,5
nach 20 Minuten Puls 52
                 Respiration . . 22
                 Temperatur A. . 37,9
                 Temperatur R. . 37,9.

Abkühlung.

Nach der Abkühlung im Ruheraume

nach 5 Minuten   Puls 54
                 Respiration . . 17
                 Temperatur A. . 36,1
                 Temperatur R. . 37,7
nach 10 Minuten Puls 54
                 Respiration . . 17
                 Temperatur A. . 36,5
                 Temperatur R. . 37,6
nach 15 Minuten Puls 54
                 Respiration . . 17
                 Temperatur A. . 36,7
                 Temperatur R. . 37,6
nach 20 Minuten Puls 54
                 Respiration . . 17
                 Temperatur A. . 36,5

Temperatur R. . 37,6
Körpergewicht nach dem Bade 67300 Grm.
Gewichtsverlust im Bade . . 650 Grm.

Urin vom ganzen Tage braunroth, etwas trübe, Sediment, stark sauer.
Menge . . . . . 1250 Cctm. mithin
          12,2   „   auf 1 Kgr. Körpergewicht,
specifisches Gewicht 1027,0
Harnstoffmenge . . 56,25 Grm. also 4,50 Proc. mithin
          0,640   „   auf 1 Kgr. Körpergewicht,
Harnsäuremenge . 1,540   „   also 0,123 Proc. mithin
          0,018   „   auf 1 Kgr. Körpergewicht.

Allgemeinbefinden wie Tags vorher.

6. Versuchstag vom 14. Februar 12 Uhr Mittags bis 15. Februar 12 Uhr Mittags.

3. heisses Luftbad am 14. Februar von 12—2 Uhr.

F. vor dem Bade
          Körpergewicht . 65800 Grm.
          Puls 72
          Respiration . . 16
          Temperatur A. . 37,0
          Temperatur R. . 37,7

Im Raume von 50° C.

nach 5 Minuten   Puls 82
          Respiration . . 16
          Temperatur A. . 36,9   nach dem Abfall
          Temperatur R. . 37,7
nach 10 Minuten Puls 90
          Respiration . . 16
          Temperatur A. . 37,1
          Temperatur R. . 37,7
nach 15 Minuten Puls 96   Schweiss
          Respiration . . 17
          Temperatur A. . 37,5
          Temperatur R. . 37,7
nach 20 Minuten Puls 100
          Respiration . . 17
          Temperatur A. . 37,5
          Temperatur R. . 37,7
nach 25 Minuten Puls 102
          Respiration . . 18
          Temperatur A. . 37,5
          Temperatur R. . 37,7
nach 30 Minuten Puls 106
          Respiration . . 18

Temperatur A. . 37,5
Temperatur R. . 37,7

Im Raume von 65° C.

nach 5 Minuten Puls 110
Respiration . . 19
Temperatur A. . 37,5
Temperatur R. . 37,7
nach 10 Minuten Puls 118
Respiration . . 20
Temperatur A. . 37,7
Temperatur R. . 37,7
nach 15 Minuten Puls 122
Respiration . . 20
Temperatur A. . 38,1
Temperatur R. . 37,9
nach 20 Minuten Puls 126
Respiration . . 20
Temperatur A. . 38,5
Temperatur R. . 38,1

Abkühlung.

Nach der Abkühlung im Baberaume

nach 5 Minuten Puls 78
Respiration . . 16
Temperatur A. . 38,0
Temperatur R. . 37,7
nach 10 Minuten Puls 72
Respiration . . 16
Temperatur A. . 36,7
Temperatur R. . 37,7
nach 15 Minuten Puls 72
Respiration . . 16
Temperatur A. . 37,0
Temperatur R. . 37,7
nach 20 Minuten Puls 72
Respiration . . 16
Temperatur A. . 37,0
Temperatur R. . 37,7

Körpergewicht nach dem Bade 65150 Grm.
Gewichtsverlust im Bade . . 650 Grm.

Urin vom ganzen Tage roth, klar, kein Sediment, sauer.

Menge . . . . 1050 Cctm. mithin
16,6 „ auf 1 Kgr. Körpergewicht,
specifisches Gewicht 1027,0

Harnstoffmenge . . 49,35 Grm. also 4,70 Proc. mithin
0,746 „ auf 1 Kgr. Körpergewicht,
Harnsäuremenge . 1,662 „ also 0,158 Proc. mithin
0,025 „ auf 1 Kgr. Körpergewicht.
Allgemeinbefinden gut. Durst erträglich — grosse Mattigkeit am Abend.

II. vor dem Bade

Körpergewicht . 87650 Grm.
Puls 54
Respiration . . 18
Temperatur A. . 36,9
Temperatur R. . 37,5

Im Raume von 50° C.

nach 5 Minuten Puls 58
Respiration . . 19
Temperatur A. . 36,9
Temperatur R. . 37,5
nach 10 Minuten Puls 64
Respiration . . 18
Temperatur A. . 37,2
Temperatur R. . 87,5
nach 15 Minuten Puls . . . . 66 Schweissausbruch
Respiration . . 18
Temperatur A. . 37,4
Temperatur R. . 37,5
nach 20 Minuten Puls 68
Respiration . . 19
Temperatur A. . 37,4
Temperatur R. . 37,5
nach 25 Minuten Puls 68
Respiration . . 19
Temperatur A. . 37,4
Temperatur R. . 37,5
nach 30 Minuten Puls 70
Respiration . . 19
Temperatur A. . 37,5
Temperatur R. . 37,5

Im Raume von 65° C.

nach 5 Minuten Puls 74
Respiration . . 19
Temperatur A. . 37,6
Temperatur R. . 37,6
nach 10 Minuten Puls 76
Respiration . . 19
Temperatur A. . 37,7

nach 15 Minuten	Temperatur R.	37,7
	Puls	76
	Respiration	19
	Temperatur A.	37,7
	Temperatur R.	37,8
nach 20 Minuten	Puls	80
	Respiration	19
	Temperatur A.	37,8
	Temperatur R.	37,8

Abkühlung.

Nach der Abkühlung im Ruheraume

nach 5 Minuten	Puls	70
	Respiration	16
	Temperatur A.	36,1
	Temperatur R.	37,8
nach 10 Minuten	Puls	62
	Respiration	16
	Temperatur A.	36,5
	Temperatur R.	37,7
nach 15 Minuten	Puls	54
	Respiration	16
	Temperatur A.	36,8
	Temperatur R.	37,6
nach 20 Minuten	Puls	54
	Respiration	16
	Temperatur A.	36,9
	Temperatur R.	37,5

Körpergewicht nach dem Bade   67300 Grm.
Gewichtsverlust im Bade . .   550 Grm.

Urin vom ganzen Tage braunroth, klar, kein Sediment, stark sauer.

Menge	1250 Ctm.	mithin	
	15,5	„	auf 1 Kgr. Körpergewicht,
specifisches Gewicht	1026,0		
Harnstoffmenge . .	63,45 Grm.	also	4,70 Proc. mithin
	0,720 „	auf 1 Kgr. Körpergewicht,	
Harnsäuremenge .	1,520 „	also	0,112 Proc. mithin
	0,017 „	auf 1 Kgr. Körpergewicht.	

Allgemeinbefinden wie Tags zuvor.

Auch dieser Periode lasse ich in einer kleinen Tabelle eine Zusammenstellung der Urinanalysen folgen. Eine Besprechung der wichtigsten Veränderungen, welche die Secrete der Nieren an den Tagen der heissen Luftbäder darbieten, soll in einem späteren Capitel (Stoffwechsel) folgen. —

Urinausscheidung
an den Tagen mit heissen Luftbädern (4.—6. Versuchstag).

	Urinmenge		Specifisches Gewicht	Harnstoff Menge			Harnsäure Menge		
	im Ganzen	auf 1 Kgr. Körpergewicht		im Ganzen	auf 1 Kg. Körpergewicht	pro Cent	im Ganzen	auf 1 Kg. Körpergewicht	pro Cent
1. heisses Luftbad F	950	14,5	1027,0	39,90	0,604	4,20	0,460	0,013	0,090
H	1150	13,1	1026,0	46,80	0,532	4,06	1,552	0,016	0,135
2. heisses Luftbad F	1050	16,0	1026,5	48,30	0,732	4,60	1,260	0,019	0,120
H	1250	13,6	1027,0	56,25	0,640	4,50	1,540	0,018	0,123
3. heisses Luftbad F	1050	16,0	1027,0	49,35	0,746	4,70	1,662	0,025	0,158
H	1350	16,5	1026,0	63,45	0,720	4,70	1,570	0,017	0,112
Mittelwerthe F	1017	15,5	1026,5	45,85	0,694	4,50	1,137	0,019	0,124
H	1250	13,6	1026,3	55,23	0,627	4,40	1,537	0,018	0,122

DRITTE PERIODE.

Drei Normaltage, folgend den Tagen mit heissen Luftbädern.
Vom 15. Februar 12 Uhr Mittags bis 18. Februar 12 Uhr Mittags.

7. **Versuchstag** vom 15. Februar 12 Uhr Mittags bis 16. Februar 12 Uhr Mittags.

F: Körpergewicht am Beginne des Versuchstages 65710 Grm. am Schlusse des Versuchstages 65790 Grm.

                Puls . . 76 in der Minute
                Respiration 18 in der Minute
                Temperatur Axilla 36,5
                Temperatur Rectum 37,3

Urin hellgelb, klar, sauer.
  Menge . . . . . 1700 Cctm. mithin
                 25,9 „ auf 1 Kgr. Körpergewicht,
  specifisches Gewicht 1024,0
  Harnstoffmenge . . 61,20 Grm. also 3,60 Proc. mithin
                 0,927 „ auf 1 Kgr. Körpergewicht,
  Harnsäuremenge . 0,900 „ also 0,052 Proc. mithin
                 0,014 „ auf 1 Kgr. Körpergewicht.
Allgemeinbefinden gut — etwas müde.

II. Körpergewicht am Beginne des Versuchstages 57850 Grm. am
Schlusse des Versuchstages 57920 Grm.

    Puls . . 60 in der Minute
    Respiration 19 in der Minute
    Temperatur Axilla 36,6
    Temperatur Rectum 37,4

Urin röthlich, etwas trübe, stark sauer.

 Menge . . . . 1650 Cctm. mithin
         19,8 „ auf 1 Kgr. Körpergewicht,
 specifisches Gewicht 1024,5
 Harnstoffmenge . . 62,70 Grm. also 3,60 Proc. mithin
         0,712 „ auf 1 Kgr. Körpergewicht,
 Harnsäuremenge . 0,940 „ also 0,057 Proc. mithin
         0,011 „ auf 1 Kgr. Körpergewicht.

Allgemeinbefinden gut — Durst — müde.

5. Versuchstag vom 16. Februar 12 Uhr Mittags bis 17. Februar
    12 Uhr Mittags.

F. Körpergewicht am Beginne des Versuchstages 65790 Grm. am
Schlusse des Versuchstages 65800 Grm.

    Puls . . 74 in der Minute
    Respiration 17 in der Minute
    Temperatur Axilla 37,0
    Temperatur Rectum 37,5

Urin hellgelb, klar, leicht sauer.

 Menge . . . . 1700 Cctm. also
         25,9 „ auf 1 Kgr. Körpergewicht,
 specifisches Gewicht 1020,0
 Harnstoffmenge . . 49,30 Grm. also 2,90 Proc. mithin
         0,747 „ auf 1 Kgr. Körpergewicht,
 Harnsäuremenge . 0,692 „ also 0,052 Proc. mithin
         0,014 „ auf 1 Kgr. Körpergewicht.

Allgemeinbefinden gut — wenig müde.

II. Körpergewicht am Beginne des Versuchstages 57920 Grm. am
Schlusse des Versuchstages 57940 Grm.

    Puls . . 54 in der Minute
    Respiration 18 in der Minute
    Temperatur Axilla 36,9
    Temperatur Rectum 37,6

Urin gelb, klar, sauer.

 Menge . . . . 1650 Cctm. mithin
         18,5 „ auf 1 Kgr. Körpergewicht,

— 25 —

```
specifisches Gewicht 1019,0
Harnstoffmenge . .  81,05 Grm. also 3,70 Proc. mithin
                     0,694  „   auf 1 Kgr. Körpergewicht,
Harnsäuremenge   .   0,935  „   also 0,057 Proc. mithin
                     0,011  „   auf 1 Kgr. Körpergewicht.
```
Allgemeinbefinden gut — Durst — etwas müde.

9. Versuchstag vom 17. Februar 12 Uhr Mittags bis 18. Februar 12 Uhr Mittags.

F. Körpergewicht am Beginne des Versuchstages 65600 Grm. am Schlusse des Versuchstages 65600 Grm.

```
Puls  . . 70 in der Minute
Respiration 17 in der Minute
Temperatur Axilla  37,0
Temperatur Rectum 37,5
```

Urin hellgelb, klar, sauer.
```
Menge . . . . . 1650 Ccm. also
                25,1   „   auf 1 Kgr. Körpergewicht,
specifisches Gewicht 1018,0
Harnstoffmenge . .  44,55 Grm. also 3,70 Proc. mithin
                     0,675  „   auf 1 Kgr. Körpergewicht,
Harnsäuremenge   .   0,783  „   also 0,047 Proc. mithin
                     0,012  „   auf 1 Kgr. Körpergewicht.
```
Allgemeinbefinden gut.

H. Körpergewicht am Beginne des Versuchstages 67940 Grm. am Schlusse des Versuchstages 67950 Grm.

```
Puls  . . 54 in der Minute
Respiration 18 in der Minute
Temperatur Axilla  36,8
Temperatur Rectum 37,4
```

Urin röthlich, leicht getrübt, stark sauer.
```
Menge . . . . . 1700 Ccm. also
                19,3   „   auf 1 Kgr. Körpergewicht,
specifisches Gewicht 1019,0
Harnstoffmenge . .  57,80 Grm. also 3,40 Proc. mithin
                     0,857  „   auf 1 Kgr. Körpergewicht,
Harnsäuremenge   .   0,892  „   also 0,052 Proc. mithin
                     1,010  „   auf 1 Kgr. Körpergewicht.
```
Allgemeinbefinden gut.

Obschon in dieser Periode unter denselben Verhältnissen ganz genau wie in der ersten rein nur Beobachtungen über Körpergewicht, Puls, Respiration, Temperatur und Urinausscheidung vorgenommen wurden, so finden wir doch in diesen drei Tagen wesentlich andere Resultate.

Puls, Respiration und Temperatur sind wieder in die normalen Grenzen, wie wir sie in der ersten Periode fanden, zurückgekehrt; in dem Verhalten des Körpergewichtes und der Urinausscheidung finden wir jedoch sehr markirte Veränderungen, deren Besprechung wir für später vorbehalten.

Eine kleine Tabelle möge übersichtlich die Veränderungen in der Urinsecretion zeigen.

Urinausscheidung
an drei Tagen folgend den Tagen mit heissen Luftbädern. (7.—9. Versuchstag.)

	Urinmenge		Spezifisches Gewicht	Harnstoff Menge			Harnsäure Menge		
	in Grammen	auf 1 Kg. Körpergewicht		im Grammen	auf 1 Kg. Körpergewicht	pro Cent	im Grammen	auf 1 Kg. Körpergewicht	pro Cent
4. Normaltag F	1700	25,9	1024,0	61,20	0,927	3,60	0,940	0,014	0,052
H	1650	18,9	1024,5	62,70	0,712	3,80	0,940	0,011	0,057
5. Normaltag F	1700	25,9	1020,0	49,30	0,747	2,90	0,692	0,014	0,052
H	1650	18,8	1018,0	61,05	0,694	3,70	0,935	0,011	0,057
6. Normaltag F	1650	25,1	1019,0	44,55	0,675	3,70	0,783	0,012	0,047
H	1700	19,3	1019,0	57,80	0,57	3,40	0,692	0,010	0,052
Mittelwerthe F	1683	25,3	1021,0	52,66	0,783	3,40	0,656	0,013	0,051
H	1666	19,0	1021,0	60,51	0,698	3,63	0,823	0,011	0,055

VIERTE PERIODE.

Drei Tage, an denen Dampfbäder genommen wurden.

Vom 18. Februar Mittags 12 Uhr bis 21. Februar Mittags 12 Uhr.

Unter ganz demselben Verhältnissen wie wir sie bei den heissen Luftbädern bereits beschrieben, wurden an diesen Tagen zwischen 12 und 2 Uhr Dampfbäder, und zwar in allereinfachster Weise, genommen.

Nachdem Körpergewicht, Puls, Respiration und Temperatur in Axilla und Rectum bestimmt waren, begaben wir uns in den Dampfraum. Hier herrscht bei einer Feuchtigkeit von 100 eine Temperatur von 45° C. Die Pritschen sind terrassenförmig übereinander, auf der obersten ist die Hitze am grössten.

Gleich beim Eintritte befiel uns (*F*. mehr als *H*.) ein Gefühl von Beklemmung und Unbehagen, so dass man sogleich am liebsten umkehren möchte.

Nach kurzem Aufenthalt ist der ganze Körper mit kleinen Wasserbläschen bedeckt, Wasser das sich aus der 35° warmen Atmosphäre auf dem kühleren Körper wie auf allen in diesem Raume befindlichen Gegenständen in flüssiger Form absetzt. Von Vielen wird dieses fast gleichzeitig mit dem Eintritte auftretende Feuchtwerden der Haut als Schweissausbruch betrachtet; mit der Zunge kann man sich jedoch leicht überzeugen, dass jetzt noch kein Schweiss, sondern nur zu Wasser verdichteter Wasserdampf die Haut bedeckt. —

Auf der Pritsche ruhig gelagert, wird nach einigen Minuten der Zustand erträglich. *H*. fühlte sich sogar ganz behaglich; die Respiration, beim Eintritt etwas beengt, wird leicht und frei.

Schon nach 5 bis 10 Minuten wird die Haut am ganzen Körper brennend, intensiv geröthet, succulent, und wenn man jetzt mit der Zunge die am Körper herabrinnende Flüssigkeit prüft, so überzeugt man sich leicht, dass jetzt nicht allein condensirter Wasserdampf, sondern auch Schweiss den Körper bedeckt. —

Nach 20 Minuten zeigte sich bei *F*. Angstgefühl, der Puls wurde enorm frequent, eintretende Benommenheit zwang ihn nach 25 Minuten den Dampfraum zu verlassen; Gang unsicher schwankend. — Bei *H*. sind die subjectiven Erscheinungen weniger stark ausgeprägt, doch auch er verliess nach 25 Minuten den Dampfraum.

Die Abkühlung wurde wie bei den heissen Luftbädern vorgenommen, nur mit dem Unterschiede dass wir, der grösseren Temperatursteigerung des Körpers entsprechend, 1½ Minute im Tauchbade und 50 Sekunden unter der kalten Dusche blieben. —

Die vorliegenden Aufzeichnungen von Puls, Respiration und Temperatur lasse ich folgen und fasse sie der Uebersichtlichkeit wegen in Curven zusammen.

III. Versuchstag vom 18. Februar 12 Uhr Mittags bis 19. Februar 12 Uhr Mittags.

1. Dampfbad am 18. Februar von 12—2 Uhr.

F. vor dem Bade

    Körpergewicht . 65500 Grm.
    Puls 72
    Respiration . . 17
    Temperatur A. . 36,9
    Temperatur R. . 37,7

im Dampfraume

nach 5 Minuten   Puls 94
    Respiration . . 19
    Temperatur A. . 37,1
    Temperatur R. . 37,7
nach 10 Minuten Puls 110
    Respiration . . 20
    Temperatur A. . 38,0
    Temperatur R. . 37,8
nach 15 Minuten Puls 120
    Respiration . . 21
    Temperatur A. . 38,7
    Temperatur R. . 38,0
nach 20 Minuten Puls 128
    Respiration . . 22
    Temperatur A. . 39,2
    Temperatur R. . 38,4
nach 25 Minuten Puls 136
    Respiration . . 23
    Temperatur A. . 39,6
    Temperatur R. . 38,8

Abkühlung.

Nach der Abkühlung im Ruheraume

nach 5 Minuten   Puls 74
    Respiration . . 17
    Temperatur A. . 36,0
    Temperatur R. . 37,9
nach 10 Minuten Puls 72
    Respiration . . 17
    Temperatur A. . 36,5
    Temperatur R. . 37,8
nach 15 Minuten Puls 70
    Respiration . . 17
    Temperatur A. . 36,7
    Temperatur R. . 37,7
nach 20 Minuten Puls 70

```
                    Respiration  . .  17
                    Temperatur A. .  36,8
                    Temperatur R. .  37,8
    nach 25 Minuten Puls . . . .     70
                    Respiration  . .  17
                    Temperatur A. .  36,8
                    Temperatur R. .  37,6
    nach 30 Minuten Puls . . . .     70
                    Respiration  . .  17
                    Temperatur A. .  36,5
                    Temperatur R. .  37,6
```

Körpergewicht nach dem Bade   65000 Grm.
Gewichtsverlust im Bade . .   500 Grm.

Urin vom ganzen Tage roth, klar, stark sauer.

Menge   900   Cctm. also
                       13,8   „   auf 1 Kgr. Körpergewicht,
specifisches Gewicht 1027,0
Harnstoffmenge . .   38,70 Grm. also 4,30 Proc. mithin
                      0,586   „   auf 1 Kgr. Körpergewicht,
Harnsäuremenge .   0,980   „   also 0,109 Proc. mithin
                      0,015   „   auf 1 Kgr. Körpergewicht.

Allgemeinbefinden gut. — Grosse Müdigkeit gegen Abend.

II. vor dem Bade

```
                    Körpergewicht .   67950 Grm.
                    Puls . . . .     55
                    Respiration  . .  16
                    Temperatur A. .  37,0
                    Temperatur R. .  37,5
    im Dampfraume
    nach  5 Minuten Puls . . . .     66
                    Respiration  . .  19
                    Temperatur A. .  37,1
                    Temperatur R. .  37,4
    nach 10 Minuten Puls . . . .     72
                    Respiration  . .  20
                    Temperatur A. .  37,5
                    Temperatur R. .  37,7
    nach 15 Minuten Puls . . . .     80
                    Respiration  . .  21
                    Temperatur A. .  38,1
                    Temperatur R. .  37,9
    nach 20 Minuten Puls . . . .     84
                    Respiration  . .  21
```

nach 25 Minuten	Temperatur A.	39,6
	Temperatur R.	39,0
	Puls	55
	Respiration	22
	Temperatur A.	39,6
	Temperatur R.	39,5

Abkühlung.

Nach der Abkühlung im Ruheraume

nach 5 Minuten	Puls	60
	Respiration	19
	Temperatur A.	36,5
	Temperatur R.	39,2
nach 10 Minuten	Puls	56
	Respiration	15
	Temperatur A.	36,5
	Temperatur R.	39,0
nach 15 Minuten	Puls	52
	Respiration	17
	Temperatur A.	36,5
	Temperatur R.	37,9
nach 20 Minuten	Puls	52
	Respiration	17
	Temperatur A.	36,9
	Temperatur R.	37,7
nach 25 Minuten	Puls	52
	Respiration	17
	Temperatur A.	37,1
	Temperatur R.	37,6
nach 30 Minuten	Puls	52
	Respiration	17
	Temperatur A.	37,1
	Temperatur R.	37,5

Körpergewicht nach dem Bade 87225 Grm.
Gewichtsverlust im Bade . . 725 Grm.

Urin vom ganzen Tage braunroth, klar, sauer.

Menge . . . . . 1300 Cctm. also
14,9 „ auf 1 Kgr. Körpergewicht,
Specifisches Gewicht 1026,0
Harnstoffmenge . . 58,50 Grm. also 4,50 Proc. mithin
0,665 „ auf 1 Kgr. Körpergewicht,
Harnsäuremenge . 1,310 „ also 0,101 Proc. mithin
0,015 „ auf 1 Kgr. Körpergewicht.

Allgemeinbefinden gut. Durst gross.

11. Versuchstag vom 19. Februar 12 Uhr Mittags bis 20. Februar 12 Uhr Mittags.

2. Dampfbad am 19. Februar von 12—2 Uhr.

F. vor dem Bade

Körpergewicht	.	65400 Grm.
Puls	. . .	70
Respiration	. .	18
Temperatur A.	.	36,0
Temperatur R.	.	37,2

Im Dampfraume

nach 5 Minuten
- Puls 92
- Respiration . . 18
- Temperatur A. . 37,2
- Temperatur R. . 37,7

nach 10 Minuten
- Puls 106
- Respiration . . 18
- Temperatur A. . 37,2
- Temperatur R. . 37,8

nach 15 Minuten
- Puls 122
- Respiration . . 19
- Temperatur A. . 37,9
- Temperatur R. . 38,1

nach 20 Minuten
- Puls 134
- Respiration . . 20
- Temperatur A. . 38,5
- Temperatur R. . 38,3

nach 25 Minuten
- Puls 146
- Respiration . . 22
- Temperatur A. . 39,0
- Temperatur R. . 36,6.

Abkühlung.

Nach der Abkühlung im Ruheraume

nach 5 Minuten
- Puls 80
- Respiration . . 17
- Temperatur A. . 36,2
- Temperatur R. . 37,8

nach 10 Minuten
- Puls 76
- Respiration . . 17
- Temperatur A. . 36,8
- Temperatur R. . 37,7

nach 15 Minuten
- Puls 74
- Respiration . . 16
- Temperatur A. . 36,9
- Temperatur R. . 37,7

nach 20 Minuten Puls 74

```
                        Respiration  . . 16
                        Temperatur A. . 37
                        Temperatur R. . 37,7
        nach 25 Minuten Puls . . . . 74
                        Respiration . . 16
                        Temperatur A. . 37
                        Temperatur R. . 37,7
        nach 30 Minuten Puls . . . . 74
                        Respiration . . 16
                        Temperatur A. . 37,0
                        Temperatur R. . 37,7.
        Körpergewicht nach dem Bade  64950 Grm.
        Gewichtsverlust im Bade  . .   450 Grm.
Urin vom ganzen Tage roth, klar, sauer.
Menge . . . . . 1150   Cctm. mithin
                       17,6    „    auf 1 Kgr. Körpergewicht,
specifisches Gewicht 1026,5
Harnstoffmenge . . 51,75 Grm. also 4,50 Proc. mithin
                   0,794   „   auf 1 Kgr. Körpergewicht,
Harnsäuremenge  .  1,700   „   also 0,146 Proc. mithin
                   0,026   „   auf 1 Kgr. Körpergewicht.
Allgemeinbefinden wie Tags zuvor.
```

II. vor dem Bade
```
                        Körpergewicht . 67750 Grm.
                        Puls . . . . 56
                        Respiration . . 18
                        Temperatur A. . 36,8
                        Temperatur R. . 37,8.
    Im Dampfraume
    nach 5 Minuten  Puls . . . . 68
                    Respiration . . 20
                    Temperatur A. . 37,4
                    Temperatur R. . 37,6
    nach 10 Minuten Puls . . . . 76
                    Respiration . . 20
                    Temperatur A. . 37,8
                    Temperatur R. . 37,8
    nach 15 Minuten Puls . . . . 80
                    Respiration . . 21
                    Temperatur A. . 38,3
                    Temperatur R. . 37,9
    nach 20 Minuten Puls . . . . 86
                    Respiration . . 21
                    Temperatur A. . 38,6
                    Temperatur R. . 38,2
```

nach 25 Minuten Puls 90
                 Respiration . . 22
                 Temperatur A. . 39,5
                 Temperatur R. . 35,2.

Abkühlung.
Nach der Abkühlung im Ruheraume
nach 5 Minuten Puls 56
                Respiration . . 19
                Temperatur A. . 36,1
                Temperatur R. . 37,7
nach 10 Minuten Puls 56
                Respiration . . 19
                Temperatur A. . 36,5
                Temperatur R. . 37,8
nach 15 Minuten Puls 56
                Respiration . . 19
                Temperatur A. . 36,8
                Temperatur R. . 37,6
nach 20 Minuten Puls 56
                Respiration . . 19
                Temperatur A. . 36,9
                Temperatur R. . 37,6
nach 25 Minuten Puls 56
                Respiration . . 19
                Temperatur A. . 37,0
                Temperatur R. . 37,6
nach 30 Minuten Puls 56
                Respiration . . 19
                Temperatur A. . 37,0
                Temperatur R. . 37,6.

Körpergewicht nach dem Bade 57400 Grm.
Gewichtsverlust im Bade . .   350 Grm.

Urin vom ganzen Tage braunroth, stark sauer.
  Menge . . . . . 1350 Ccm. mithin
                    15,4 „   auf 1 Kgr. Körpergewicht,
  specifisches Gewicht 1026,0
  Harnstoffmenge . . 60,75 Grm. also 4,50 Proc. mithin
                      0,690 „   auf 1 Kgr. Körpergewicht,
  Harnsäuremenge . 1,550 „   also 0,115 Proc. mithin
                    0,019 „   auf 1 Kgr. Körpergewicht.
Allgemeinbefinden vorzüglich.

12. Versuchstag vom 20. Februar 12 Uhr Mittags bis 21. Februar
12 Uhr Mittags.
  3. Dampfbad am 21. Februar von 12—2 Uhr.
F. vor dem Bade Körpergewicht . 65560 Grm.

	Puls	72
	Respiration	16
	Temperatur A.	37,0
	Temperatur R.	37,5

Im Dampfraume

nach 5 Minuten	Puls	90
	Respiration	19
	Temperatur A.	37,5
	Temperatur R.	37,5
nach 10 Minuten	Puls	110
	Respiration	20
	Temperatur A.	37,5
	Temperatur R.	37,5
nach 15 Minuten	Puls	118
	Respiration	21
	Temperatur A.	37,6
	Temperatur R.	37,8
nach 20 Minuten	Puls	126
	Respiration	21
	Temperatur A.	38,3
	Temperatur R.	38,1
nach 25 Minuten	Puls	134
	Respiration	22
	Temperatur A.	38,8
	Temperatur R.	38,4

Abkühlung.

Nach der Abkühlung im Ruheraume

nach 5 Minuten	Puls	70
	Respiration	19
	Temperatur A.	36,4
	Temperatur R.	37,6
nach 10 Minuten	Puls	70
	Respiration	16
	Temperatur A.	36,8
	Temperatur R.	37,5
nach 15 Minuten	Puls	70
	Respiration	16
	Temperatur A.	37,0
	Temperatur R.	37,4
nach 20 Minuten	Puls	70
	Respiration	16
	Temperatur A.	37,1
	Temperatur R.	37,4
nach 25 Minuten	Puls	70
	Respiration	16
	Temperatur A.	37,1

nach 30 Minuten
Temperatur R. . 37,4
Puls 70
Respiration . . 18
Temperatur A. . 37,1
Temperatur R. . 37,4.

Körpergewicht nach dem Bade 65110 Grm.
Gewichtsverlust im Bade 450 Grm.

Urin vom ganzen Tage roth, sauer.

Menge . . . . 1200 Cctm. mithin
18,3 „ auf 1 Kgr. Körpergewicht,
specifisches Gewicht: 1025,0
Harnstoffmenge . . 58,80 Grm. also 4,90 Proc. mithin
0,890 „ auf 1 Kgr. Körpergewicht,
Harnsäuremenge . 1,860 „ also 0,156 Proc. mithin
0,028 „ auf 1 Kgr. Körpergewicht.

Allgemeinbefinden gut. Grosser Durst — grosse Müdigkeit, besonders gegen Abend.

II. vor dem Bade

Körpergewicht . 87660 Grm.
Puls 56
Respiration . . 17
Temperatur A. . 37,0
Temperatur R. . 37,5.

Im Dampfraume

nach 5 Minuten
Puls 66
Respiration . . 18
Temperatur A. . 37,4
Temperatur R. . 37,6

nach 10 Minuten
Puls 72
Respiration . . 20
Temperatur A. . 37,8
Temperatur R. . 37,7

nach 15 Minuten
Puls 74
Respiration . . 21
Temperatur A. . 37,9
Temperatur R. . 37,9

nach 20 Minuten
Puls 82
Respiration . . 21
Temperatur A. . 38,0
Temperatur R. . 37,9

nach 25 Minuten
Puls 69
Respiration . . 22

Temperatur A. . 35,5
Temperatur R. . 35,2

Abkühlung.

Nach der Abkühlung im Baberaume

nach 5 Minuten	Puls	56
	Respiration . .	16
	Temperatur A. .	36,9
	Temperatur R. .	35,2
nach 10 Minuten	Puls	56
	Respiration . .	16
	Temperatur A. .	37,0
	Temperatur R. .	35,0
nach 15 Minuten	Puls	56
	Respiration . .	16
	Temperatur A. .	37,2
	Temperatur R. .	37,9
nach 20 Minuten	Puls	56
	Respiration . .	16
	Temperatur A. .	37,2
	Temperatur R. .	37,6
nach 25 Minuten	Puls	56
	Respiration . .	16
	Temperatur A. .	37,2
	Temperatur R. .	37,5
nach 30 Minuten	Puls	56
	Respiration . .	16
	Temperatur A. .	37,2
	Temperatur R. .	37,5

Körpergewicht nach dem Bade 87250 Grm.
Gewichtsverlust im Bade . . 410 Grm.

Urin vom ganzen Tage braunroth, stark sauer.
Menge . . . . . 1400 Cctm. mithin
16,0 „ auf 1 Kgr. Körpergewicht,
specifisches Gewicht 1025,0
Harnstoffmenge . . 65,50 Grm. also 4,70 Proc. mithin
1,725 „ auf 1 Kgr. Körpergewicht,
Harnsäuremenge . 1,722 „ also 0,123 Proc. mithin
0,020 „ auf 1 Kgr. Körpergewicht.

Allgemeinbefinden, Müdigkeit abgerechnet, vorzüglich.

Auch hier lasse ich eine kleine Tabelle folgen, die die Urinausscheidung dieser Periode übersichtlich darstellt.

Urinausscheidung
an den drei Tagen der Dampfbäder (10.—12. Versuchstag).

	Urinmenge		Specifisches Gewicht	Harnstoff-Menge			Harnsäure-Menge		
	in Ccmen	auf 1 Kg. Körpergewicht		im Ganzen	auf 1 Kg. Körpergewicht	pro Cent	im Ganzen	auf 1 Kg. Körpergewicht	pro Cent
1. Dampfbad F	900	13,5	1027,8	39,70	0,546	4,30	0,940	0,013	0,109
H	1300	14,0	1026,8	58,30	0,665	4,50	1,310	0,015	0,101
2. Dampfbad F	1150	17,6	1025,5	51,75	0,781	4,50	1,700	0,026	0,148
H	1350	15,4	1026,9	60,75	0,690	4,50	1,550	0,014	0,115
3. Dampfbad F	1200	18,3	1025,0	54,90	0,930	4,96	1,540	0,023	0,156
H	1400	16,0	1025,0	65,80	0,748	4,70	1,725	0,020	0,123
Mittelwerthe F	1083	16,6	1026,1	47,15	0,733	4,57	1,520	0,023	0,140
H	1350	15,4	1025,7	61,48	0,701	4,57	1,528	0,017	0,113

FÜNFTE PERIODE.

Zwei Normaltage folgend den Tagen mit Dampfbädern.

Vom 21. Februar 12 Uhr Mittags bis 23. Februar 12 Uhr Mittags.

13. **Versuchstag** vom 21. Februar 12 Uhr Mittags bis 22. Februar 12 Uhr Mittags.

F. Körpergewicht am Beginne des Versuchstages 65450 Grm. am Schlusse des Versuchstages 65450 Grm.

    Puls . . 76 in der Minute
    Respiration 18 in der Minute
    Temperatur Axilla 36,9
    Temperatur Rectum 37,3

Urin hellgelb, klar, saurer.

Menge . . . . . 1650 Ccm. mithin
      25,2 „ auf 1 Kgr. Körpergewicht,
specifisches Gewicht 1024,0
Harnstoffmenge . . 57,75 Grm. also 3,50 Proc. mithin
      0,675 „ auf 1 Kgr. Körpergewicht,
Harnsäuremenge . 0,910 „ also 0,055 Proc. mithin
      0,014 „ auf 1 Kgr. Körpergewicht.

Allgemeinbefinden gut — grosse Müdigkeit.

III. Körpergewicht am Beginne des Versuchstages 87575 Grm. am
Schlusse des Versuchstages 87595 Grm.

      Puls . . 54 in der Minute
      Respiration 18 in der Minute
      Temperatur Axilla 36,6
      Temperatur Rectum 37,4

Urin rothgelb, trübe, sauer.

  Menge 1700   Cctm. mithin
       14,9   „   auf 1 Kgr. Körpergewicht,
 specifisches Gewicht 1024,0
  Harnstoffmenge . . 65,45 Grm. also 3,50 Proc. mithin
      0,744   „   auf 1 Kgr. Körpergewicht,
  Harnsäuremenge . 1,010   „   also 0,059 Proc. mithin
      0,011   „   auf 1 Kgr. Körpergewicht.

Allgemeinbefinden gut   sehr müde   grosser Durst.

14. Versuchstag vom 22. Februar 12 Uhr Mittags bis 23. Februar
      12 Uhr Mittags.

F. Körpergewicht am Beginne des Versuchstages 65480 Grm. am
Schlusse des Versuchstages 65500 Grm.

      Puls . . 76 in der Minute
      Respiration 18 in der Minute
      Temperatur Axilla 37,0
      Temperatur Rectum 37,6

Urin hellgelb, klar, sauer.

  Menge 1630   Cctm. mithin
      24,9   „   auf 1 Kgr. Körpergewicht,
 specifisches Gewicht 1020,0
  Harnstoffmenge . . 52,16 Grm. also 3,20 Proc. mithin
      0,790   „   auf 1 Kgr. Körpergewicht,
  Harnsäuremenge . 0,800   „   also 0,44 Proc. mithin
      0,012   „   auf 1 Kgr. Körpergewicht.

Allgemeinbefinden gut.

II. Körpergewicht am Beginne des Versuchstages 87595 Grm. am
Schlusse des Versuchstages 87650 Grm.

      Puls . . 54 in der Minute
      Respiration 19 in der Minute
      Temperatur Axilla 36,9
      Temperatur Rectum 37,6

Urin hellgelb, leicht getrübt, stark sauer.

— 39 —

Menge	1700 Ccm.	mithin
	19,4 „	auf 1 Kgr. Körpergewicht,
specifisches Gewicht	1017,0	
Harnstoffmenge . .	61,20 Grm.	also 3,60 Proc. mithin
	0,695 „	auf 1 Kgr. Körpergewicht,
Harnsäuremenge .	0,950 „	also 0,056 Proc. mithin
	0,011 „	auf 1 Kgr. Körpergewicht.

Allgemeinbefinden gut — müde — Durst.

Auch hier mag eine kleine Tabelle übersichtlich die Verhältnisse der Urinausscheidung darstellen.

Urinausscheidung

an den zwei letzten Normaltagen (13. und 14. Versuchstag).

	Urinmenge		Specifisches Gewicht	Harnstoff-Menge			Harnsäure-Menge		
	im Ganzen	auf 1 Kgr. Körpergewicht		im Ganzen	auf 1 Kg. Körpergewicht	pro Cent	im Ganzen	auf 1 Kg. Körpergewicht	pro Cent
7. Normaltag F	1630	25,2	1023,0	57,75	0,975	3,50	0,91	0,014	0,055
H	1700	19,4	1024,5	65,45	0,744	3,85	1,010	0,011	0,058
8. Normaltag F	1630	24,9	1020,0	52,16	0,780	3,20	0,908	0,012	0,044
H	1700	19,4	1017,0	61,20	0,695	3,60	0,950	0,011	0,056
Mittelwerthe F	1640	25,0	1022,0	54,95	0,832	3,35	0,955	0,013	0,050
H	1700	19,4	1020,0	63,32	0,719	3,72	0,980	0,011	0,058

Wenn es bei dem jetzigen Stande der Wissenschaft uns auch noch nicht vergönnt ist, den Einfluss des Klimas auf die Funktionen des Körpers in seinem ganzen Umfange zu erkennen, so ist es doch allbekannt, wie sehr die Temperatur und der Feuchtigkeitsgrad der Luft auf Schweissbildung, Urinausscheidung u. s. w. einwirken, und wenn wir auch noch sehr weit entfernt sind diese Einflüsse zu berechnen und in unsere Tabellen einzuführen, so will ich doch nicht unterlassen, als Material für spätere Forschungen, die meteorologischen Aufzeichnungen, wie ich sie von unserem hiesigen Institute bekam, hier beizulegen.

— 40 —

Februar 1850.
Stand des Barometers auf 0° reducirt.

Datum	7 Uhr Morgens	2 Uhr Mittags	9 Uhr Abends	Durchschnitt des Standes pro Tag
9.	741,0	738,7	738,9	739,05
10.	737,9	733,5	733,2	735,52
11.	736,4	736,0	741,3	736,42
12.	745,5	745,4	746,7	745,75
13.	750,4	750,7	750,6	750,65
14.	750,3	747,3	747,7	745,12
15.	745,6	743,9	742,6	743,90
16.	737,5	738,5	743,1	736,37
17.	731,6	731,6	734,1	732,22
18.	737,1	738,3	739,0	736,17
19.	741,3	740,2	738,9	740,32
20.	740,4	740,8	740,9	740,62
21.	743,2	743,6	744,2	743,65
22.	742,8	740,3	737,9	740,27
23.	736,8	740,2	740,4	738,92

Stand des Thermometers.

Datum	7 Uhr Morgens	2 Uhr Nachmittags	9 Uhr Abends	Durchschnitt
	°	°	°	°
9.	+ 1,5	+ 6,6	+ 6,2	+ 5,20
10.	+ 1,8	+ 5,5	+ 4,0	+ 4,65
11.	+ 1,5	+ 6,6	+ 3,6	+ 3,90
12.	+ 4,3	+ 2,0	+ 1,2	+ 2,15
13.	+ 3,0	+ 4,4	+ 2,0	+ 2,55
14.	+ 0,6	+ 5,0	+ 1,8	+ 2,55
15.	1,4	+ 5,6	− 0,2	+ 0,95
16.	− 3,0	+ 4,5	+ 5,0	+ 3,20
17.	+ 3,6	+ 5,5	+ 7,5	+ 7,00
18.	+ 8,8	+ 9,6	+ 7,5	+ 7,80
19.	+ 4,2	+ 13,2	+ 12,5	+ 11,75
20.	+ 5,6	+ 11,6	+ 11,2	+ 10,60
21.	+ 7,4	+ 8,2	+ 5,5	+ 4,95
22.	+ 7,2	+ 9,5	+ 5,6	+ 7,05
23.	+ 4,4	+ 1,6	+ 2,5	+ 3,65

— 41 —

Witterungsverhältnisse.

Datum	Februar	Regenmenge in Millimeter auf 1 Quadratmeter
9.	halb bedeckt, Regen	6,4
10.	Regen	4,0
11.	neblig	—
12.	Regen	5,0
13.	Regen	6,2
14.	heiter, hell	—
15.	heiter, Reif	—
16.	Nebel, Regen, Reif	6,4
17.	Regen, neblig	8,3
18.	Regen	2,4
19.	sehr schön, wenig Regen, Wind . .	2,3
20.	Regen	3,0
21.	Regen	16,5
22.	Regen	20,5
23.	Regen	21,2

Stand der Bewölbung des Himmels.

7 Uhr Morgens	2 Uhr Nachmittags	9 Uhr Abends
5 Cumulus	2 Cirrostratus	1 Nimbus
5 Cirrostratus	6 Cumulus	10 Nimbus
5 Nebel	5 Cumulus	10 Nimbus
10 Nimbus	10 Nimbus	1 Nimbus
10 Nimbus	3 Cumulus	10 Nimbus
10 Nimbus	Hell	Hell
2 Cirrostratus	5 Cumulus	Hell
3 Cirrostratus	10 Nimbus	10 Nimbus
10 Nebel	10 Nimbus	10 Nimbus
10 Cumulus	5 Cumulus	5 Cumulus
10 Nimbus	5 Cumulus	6 Nimbus
10 Nimbus	5 Cumulus	10 Cumulus
10 Nimbus	10 Nimbus	10 Cumulus
10 Nimbus	10 Nimbus	10 Nimbus
10 Nimbus	10 Nimbus	10 Nimbus

Winternitz schreibt in seinem klassischen Werke über Hydrotherapie: „Unter der Einwirkung höherer oder niederer, also differenter Temperatur auf den warmblütigen thierischen Organismus beobachten wir Veränderungen im Nervensystem, in der Circulation und Respiration, im Muskelsystem, in den Absonderungen, im Zellenleben, in der organischen Wärme. Beinahe alle vitalen Vorgänge werden durch differente Temperaturen beeinflusst. Je nachdem der thermische Bewegungsreiz, der mit dem Organismus in Berührung gebracht wird, eine niedere oder eine höhere Temperatur hat als der Theil des Thierkörpers, mit dem er in Contact tritt, werden sich Wirkungen geltend machen, die sich in drei Momente sondern lassen.

Es werden sich geltend machen
1. Reizerscheinungen;
2. Wärmeentziehung oder Wärmezufuhr;
3. Gegenwirkung des Organismus gegen die durch die beiden ersteren in demselben hervorgebrachten Veränderungen."

Die Reizerscheinungen sind diejenigen, die sich zuerst geltend machen und die ganz direkt durch die Wirkung der Wärme oder Kälte auf die sensibeln Fasern der Haut ausgelöst werden. Dem Reize der sensibeln Fasern folgt Contraction der Muskeln der Haut und der Hautgefässe, die ihrerseits wieder auf Herzaction, Temperatur, Respiration und Secretion von wesentlichem Einflusse sind.

Erst wenn der thermische Reiz länger einwirkt, wird sich je nach der Differenz zwischen Temperatur des reizenden Mediums und der des Körpers die Eigenwärme des Körpers entweder erhöhen oder erniedrigen; es wird eine Störung in der Wärmebilanz eintreten, die ihrerseits wieder auf Innervation, Herzaction, Blutvertheilung, Respiration, Secretion bedeutend einwirken wird.

Den genannten Veränderungen durch Nervenreiz, Wärmeaufnahme und Wärmeabgabe ist jedoch der Körper nicht wehrlos preisgegeben, vielmehr besitzt er ganz bedeutende Mittel, diesen Faktoren gegenüber sein Gleichgewicht zu erhalten. — Um nur eines voraus anzuführen, sehen wir doch wie durch vermehrte Thätigkeit der Haut und der Lungen unser Körper der Ueberhitzung im heissen Luftbade längere Zeit mit Erfolg trotzt.

Aus diesen drei Faktoren — wir sehen hier noch von der Wirkung des Frottirens ab — müssen sich die in unseren Versuchen gemachten Beobachtungen zusammensetzen, und wir wollen, gestützt auf das bereits Bekannte, im Folgenden versuchen zu erklären, wie die Veränderungen in Innervation, Circulation, Respiration, Wärmebilanz und Stoffwechsel zu Stande kommen.

Innervation.

Die zwei Funktionen, denen die Haut als Sinnesorgan vorsteht, die Tast- und Temperaturempfindung, werden durch differente Temperaturen wesentlich beeinflusst.

Ganz in letzter Zeit hat Winternitz seine äusserst interessanten Resultate über die Aenderungen mitgetheilt, die in der Tastempfindlichkeit der Haut durch thermische Reize hervorgerufen werden können. Lässt man Wärme oder Kälte nur kurz auf eine Hautstelle einwirken und prüft darnach nach der E. H. Weber'schen Methode die Empfindlichkeit der so gereizten Stelle, so findet man sie stets bedeutend erhöht. — Lässt man Wärme und Kälte längere Zeit einwirken, so erhält man wesentlich andere Resultate, während mässige Wärmegrade jetzt die Tastempfindlichkeit vermehren, wird dieselbe bei längerer Einwirkung der Kälte herabgesetzt. — Excessive Wärme wie Kälte erzeugt bei längerer Einwirkung ganz dieselben Erscheinungen; sie setzen die Feinheit für Tastempfindung bedeutend herab, und diese Herabsetzung dauert oft noch lange Zeit über die Einwirkung der Wärme- und Kältereize.

Die verschiedenen Theorien, die man über den Vorgang der Wärme- und Kälteempfindlichkeit aufgestellt hat, beweisen, dass der Vorgang bei dieser Empfindung noch weit entfernt ist, für unsere Begriffe klar zu liegen. Soviel ist jedoch feststehend, dass ein Körper, der uns berührt, warm oder kalt erscheint, je nachdem seine Temperatur höher oder niederer ist als die des berührten Körpertheils; es kann somit für den Handrücken ein Gegenstand warm erscheinen, der in die Achselhöhle gebracht das Gefühl der Kälte erzeugt. Ausser der Temperatur des Körpers ist jedoch der Stoff desselben von grosser Bedeutung; das Wärme- oder Kältegefühl, das durch die Berührung erzeugt wird, wird zunehmen mit der Wärmecapacität des Gegenstandes, mit dem wir in Berührung kommen. Dies erklärt warum wir ein Bad von 31° C. schon sehr heiss finden, während wir im Dampfraume von 45° C. uns erträglich fühlen und gar im trockenen Luftraume Temperaturen von 65° C. ertragen. — Natürlich nur mit Rücksicht auf das Wärmegefühl; auf die secundären Erscheinungen, die durch Wärmerotation und Wärmeaufnahme aus dem Medium beruhen, komme ich später zurück. —

Ausser der Wärmecapacität ist für die Wärmeempfindung auch die Grösse der berührten Körperfläche von Bedeutung. Halte Jemand einen Finger in Wasser von 35° C. und zugleich eine Hand in Wasser von 33° C., so kommt ihm das weniger warme Wasser dennoch wärmer vor. Einer Hand wird der Temperaturunterschied fühlbarer als einem Finger.

Nach Lereh richtet sich die Wärme- oder Kälteempfindung in ihrer Intensität nach dem Wärmeunterschied zwischen dem lebenden Körper und dem Wärmeträger, nach den Organen, welchen die Wärme zugeführt wird, nach der Grösse des vom warmen Fluidum umspülten Theils, nach der Zeit, welche die Mittheilung der Wärme andauert, vor Allem aber nach der Wärmecapacität des Stoffes, welcher die Wärme zuführt — im Ganzen also nach der Masse Wärme, welche zur Ausgleichung kommt.

Nach leichten Temperaturreizen, schnell vorübergehenden schwachen Abkühlungen und Erwärmungen (nach letzteren weniger) wird das Temperaturunterscheidungsvermögen beträchtlich geschärft. —

Excessiv hohe und niedere Temperaturen werden gleichmässig als Schmerz empfunden und heben für einige Zeit das Vermögen, Temperaturen zu empfinden auf. —

Die Sensibilitätsprüfungen, die wir während unserer Versuche machten, sind die allereinfachsten. — Während und besonders nach dem Bade prüften wir die Empfindlichkeit der Haut für leise Berührung und für kleine Temperaturunterschiede, und fanden sie regelmässig erhöht.

Es sei gestattet unsere mangelhaften Beobachtungen durch die von S. Kostjurin[1]), die auf der Klinik des Herrn Professor Dr. W. A. Manassein gemacht wurden, zu ergänzen.

Die Tastempfindlichkeit der Haut war für den Weber'schen Cirkel nach der Badstube erhöht; die Spitzendistanz an den gleichen Stellen gemessen, in Mittel aus 13 Beobachtungen ist in der unten angeführten Tabelle angegeben.

Die elektrocutane Sensibilität wurde an gleichen Stellen des Körpers mittelst des secundären Inductionsstromes geprüft und wurde nach der Badstube erhöht gefunden, da die Rollen des Apparates weiter auseinander geschoben werden mussten (s. Tabelle). Diese vermehrte Erregbarkeit wurde wahrscheinlich durch das regere Zuströmen von Blut zur Haut und durch die Entfernung eines Theils der Epidermis in Folge des Einseifens bedingt. Die elektromusculäre Contractilität war gleichfalls erhöht (s. Tab).

Distanz	Oberarm				Unterarm				Oberschenkel				Unterschenkel			
	rechter		linker		rechter		linker		rechter		linker		rechter		linker	
	vor	nach	vor	nach	vor	nach	vor	nach	vor	nach	vor	nach	vor	nach	vor	nach
	der Badstube		der Badstube		der Badstube		der Badstube		der Badstube		der Badstube		der Badstube		der Badstube	
Tastercirkel . Cm	2,1	1,3	1,5	1,5	1,7	1,2	1,8	1,9	2,2	1,5	2,0	1,1	2,2	1,1	1,9	1,1
Elektrocutane Sensibilität .	5,6	5,8	5,9	5,6	5,7	5,5	5,7	5,6	5,3	5,5	5,2	5,5	5,2	5,4	5,1	5,3
Elektromusculäre Contractilität . .	5,0	5,2	5,1	5,3	5,2	5,1	5,1	5,3	4,5	5,1	4,6	5,1	4,6	4,9	4,6	4,9

Gleich hier will ich anführen, dass Tumas nach dem Bade mit dem Dynamometer die Kraft der Muskeln des Armes prüfte und dieselbe herabgesetzt fand.

Mit den genannten Beobachtungen von Kostjurin stimmen auch die Erfahrungen von Winternitz, der zur Erklärung die-

---

1) St. Petersburger med. Wochenschr. 1879. Nr. 37 über die russ. Badstube.

ser Phänomene zu der Annahme neigt, „dass der Contact differenter Temperaturen einen elektrischen Strom hervorruft, der von dem wärmeren zum kälteren Medium geht. Von der Peripherie einwirkende Wärme oder Kälte wird demnach einen aufsteigenden oder absteigenden elektrischen Strom erregen und den von Dubois nachgewiesenen normalen Nervenstrom verstärken oder schwächen und einmal durch Fortleitung der veränderten Stromdichte zum Centrum percipirt und von dort auf motorische Fasern übertragen werden können. Somit wird Kälte oder Wärme als Incitament für sensible und motorische Bahnen dienen und auch im Centralorgane selbst Umstimmungsactionen und Innervationsveränderungen hervorzubringen vermögen."

Ausser den beiden genannten zum Bewusstsein kommenden Empfindungen der Haut fliessen noch ständig auf den sensibeln Bahnen von der Haut aus den Centralorganen (Rückenmark, verlängertes Mark, Pons, grosse Ganglien der Basis) Erregungsimpulse zu, die unbewusst auf die Centren der Circulation, Respiration, der Wärmebilanz und den Stoffwechsel sich übertragen und so die weitgehendsten Veränderungen im innersten Haushalte des Organismus auslösen. — Aus der Summe all dieser unbewussten Erregungszustände setzt sich fast ausschliesslich das Allgemeinbefinden zusammen. — Es wird deshalb auch kaum zweifelhaft sein können, dass während und besonders nach unseren Bädern ganz bedeutende Aenderungen des Allgemeinbefindens sich zeigen. — Wie fühlt sich Jeder gekräftigt, frisch belebt nach dem Bade — wie fühlt Jeder einen innern Impuls zu Bewegungen, zu Kraftäusserungen — wie ist der Gang Solcher, die das Bad verlassen, elastisch leicht — wie die Stimmung gehoben — wie ist man angeregt zu geistiger Arbeit! —

Allgemein ist die Ansicht feststehend, dass Bäder die durch thermische Reize und Temperaturerhöhung den Stoffwechsel beschleunigen, ein Gefühl der Ermüdung, der Abspannung zur Folge haben. — Bei unseren Versuchen, in denen wir den Stoffwechsel so enorm beschleunigt finden, trat diese Ermüdung nicht ein; der Grund scheint mir in Folgendem zu liegen.

Hat Heidenhain in seiner letzten Schrift gezeigt, wie leicht man durch ständig sich wiederholende Reize von der Haut aus die

— 47 —

Thätigkeit der Hirnsubstanz nach und nach so herabsetzen kann, dass ein Zustand der Hypnose eintritt, so wird es begreiflich, dass bei warmen Bädern, durch ständig leichten Reiz der sensibeln Nerven, beruhigende, selbst ermüdende Wirkungen uns überkommen, und eben so begreiflich ist es nach diesen Versuchen, warum heftige thermische Reize, wie sie bei unseren Badeprocedüren zur Verwendung kommen, die Hirnsubstanz zur Thätigkeit anregen — zeigt doch die tägliche Erfahrung wie man Ohnmächtige durch den thermischen Reiz der Kälte erwecken kann. (Heidenhain, Erwecken Hypnotisirter.)

Nothnagel und Schüller ist es gelungen uns für diese allbekannten Thatsachen die Erklärung zu geben. Sie fanden dass kräftige thermische Reize (Kälte) die die Hautgefässe in grossen Bezirken zur Contraction bringen, die Gefässe der Hirnhäute, und sehr wahrscheinlich auch des Gehirns, erweitern und umgekehrt. — Ob die Erweiterung und Verengerung der Hirnarterien auf Reflexweg zu Stande kommt oder einfach dadurch, dass das von der Oberfläche gedrängte Blut die Gefässe der innern Organe aufsucht und sie stärker füllt, bleibt für uns vorerst offene Frage. Uns genügt das Faktum, da es uns zur Genüge erklärt, wie die durch langdauernden Wärmereiz verengten Blutgefässe die das Nervensystem versorgen, unter der Wirkung des kühlen Vollbades und der kalten Dusche plötzlich sich erweitern. Dadurch wird natürlich dem sauerstoffreichen arteriellen Blute ein breiter Weg zu den Centren des Nervensystems geöffnet, und der belebende Einfluss solch reicher Blutversorgung kann nicht ausbleiben. —

Diese Ansicht findet in der täglichen Beobachtung eine mächtige Stütze. Leute, die nicht die Energie haben durch kühles Vollbad oder kalte Dusche einen kräftigen Hautreiz zu setzen, verlassen recht müde, unaufgelegt, missstimmt das Bad. — Da leider keine exacten Temperaturbestimmungen solcher Badenden vorliegen, bleibt natürlich immer noch die Vermuthung offen, dass solche Erscheinungen auf ungenügender Abkühlung beruhen. —

Ein Moment will ich vorgreifend noch erwähnen. Preyer wies den ermüdenden Einfluss der Milchsäure nach und zeigte zugleich wie Entfernung derselben aus den Geweben das Kraftgefühl schnell zurückbringt. — Während des Aufenthaltes in dem heissen Luftbade und Dampfbade wird mit dem Schweisse eine nicht unbeträchtliche Menge Milchsäure ausgeschieden, und immerhin bleibt der Vermuthung Raum dass, unterstützt durch die schnelle Circulation die Entfernung der Milchsäure auf das Allgemeinbefinden vom günstigsten Einflusse ist. —

Circulation.

Wenn ein Reiz, möge derselbe mechanischer, chemischer, thermischer oder elektrischer Natur sein, die Haut trifft, so werden sich alsbald die Capillaren an der gereizten Stelle und im weiten Umkreise um dieselbe verengern. An der Schwimmhaut des Frosches kann diese Verengerung so hochgradig werden, dass kaum mehr das Lumen der Gefässe zu erkennen ist und die Passage für rothe Blutkörperchen vollständig gesperrt wird. Das Blut wird aus den Gefässen der Oberfläche nach den inneren Organen verdrängt. Durch gleichzeitige Contraction der übrigen musculösen Gebilde der Haut wird auch die Flüssigkeit aus den Lymphräumen und Lymphgefässen herausgepresst, und es bleibt nur das bindegewebige, schlechtleitende Gerüste der Haut zurück; damit werden die wichtigsten Veränderungen in der Wärmeabgabe durch Leitung, Strahlung und Verdunstung bedingt.

Doch diese Veränderung in der Blutcirculation der Haut, wie wir sie als Folge thermischer Reize sehr oft bei unseren Versuchen finden werden, ist nur von kurzer Dauer. Bald folgt der Verengerung der Capillaren eine mächtige Erweiterung, die sich selbst an den kleinen Arterien und Venen noch beobachten lässt. — Je intensiver der Reiz war, um so kurzdauernder ist der Contractionszustand, um so schneller kommt das Stadium der Erweiterung der Gefässe; bei ganz starken Reizen zeigt sich die Erweiterung so schnell, dass es überhaupt noch controvers ist, ob ihr ein Zustand der Verengerung vorausging.

Wir wollen uns nicht auf die verschiedenen Theorien von gefässverengernden und gefässerweiternden Nervenbahnen einlassen; sondern begnügen uns das Faktum angeführt zu haben, *dass der thermische Reiz als solcher auf das Capillarsystem mächtig einwirkt.*

Wie Wärme und Kälte bei längerer Anwendung auf die Blutfälle eines Körpers wirken, ist allbekannt, wenden wir doch täglich in der Praxis Eismmschläge an, wo wir Blutzufluss vermindern und warme Umschläge, wo wir den Blutzufluss vermehren wollen. Winternitz[1]) war der Erste, der den Einfluss der Wärme und Kälte auf die Blutmenge eines Körpertheils direkt mit dem Plethysmographen nachgewiesen und graphisch in Curven dargestellt hat.

Die Curven, die Winternitz anführt, lassen keinem Zweifel über Richtigkeit der Behauptung Raum, denn die Unterschiede sind zu markirt, als dass sie auf Zufälligkeiten bezogen werden dürften.

„Wir sehen, sagt Winternitz, auf Application niederer Temperaturen über grösseren Gefässstämmen eine Verengerung derselben eintreten. Die Gefässe können durch Wiederholung dieser Application beliebig lange contrahirt erhalten werden. Diese Gefässcontraction bewirkt eine Verminderung der Blutzufuhr zu dem peripherisch vor dem verengten Gefässe liegenden Verästelungsgebiete desselben. Die verminderte Blutzufuhr bewirkt Herabsetzung der Temperatur der von dem betreffenden Gefässe versorgten Körpertheile. Es lässt sich demnach mit Bestimmtheit darauf schliessen, dass die Ernährungsbedingungen in einem solchen Körpertheile sehr verändert sein werden, da die Grösse der Blutzufuhr und die Höhe der Temperatur als Gradmesser für die Energie, mit der die organischen Funktionen in einem Theile vor sich gehen, gelten. Wir werden es auf diese Art in der Hand haben die organischen Leistungen eines Theils herabzusetzen; wir werden auf diese Weise im Stande sein, wenn die organische Leistung, die Blutzufuhr, die Wärmebildung in einem Theile krankhaft erhöht sind, den Ausgleich der Störung herbeizuführen oder anzubahnen, indem wir normale Ernährungsbedingungen oder wenigstens der Norm nahestehende erzwingen. Ebenso werden wir es in der Hand haben durch Anwendung höherer Temperaturen die einem Theile zugeführte Blutmenge zu vergrössern, die Blutbewegungen in demselben zu beschleunigen und dadurch eine lebhafte Vermehrung des Stoffwechsels anzufachen." —

Wie mächtig die Blutmenge eines Organs durch die Appli-

---

1) Winternitz, Hydrotherapie I. Band, Seite 74.
Heiligenthal u. Proj., Luft- u. Dampfbäder.

cation der Wärme vermehrt werden kann, geht aus einer approximativen Schätzung von B. Reil hervor, der annimmt, dass im Dampfbade leicht der Blutzufluss zur Haut um das 100 fache vermehrt werden kann.

Wenn wir auch die Vermehrung im Blutzuflusse zur Haut nicht ganz so enorm annehmen wie Reil, so scheint sie uns doch gross genug, um uns die wesentlichen Veränderungen, die wir während und nach dem Aufenthalte im heissen Luftraume und Dampfraume in den Funktionen der verschiedenen Organe später finden werden, zu erklären. Durch die Erweiterung des Capillargebietes des ganzen Hautorgans muss eben naturnothwendig der Blutdruck im ganzen Gefässsystem abnehmen, da ja die Bahnen bei gleichbleibender Blutmenge sich so beträchtlich erweitern; und ausserdem muss, da die weitaus grössere Blutmenge der Haut zuströmt, in den inneren Organen ein verminderter Zufluss stattfinden. Erst Schüller ist es gelungen, experimentell den Nachweis für die Richtigkeit dieses Satzes zu liefern. Er experimentirte an Kaninchen, denen er durch Trepanation die Dura freigelegt hatte und beobachtete bei diesen Thieren die Veränderungen der Piagefässe. Er fand nach Application kalter Wassercompressen auf den Bauch die Gefässe der Pia sich beträchtlich erweitern, bei Application warmer dagegen sich verengern. Ein sicherer Beweis dafür, dass, wenn das Blut im Uebermasse in einem Verbreitungsbezirke angezogen wird, es im andern in entsprechender Verminderung erscheint und umgekehrt. — Auch Winternitz hat den graphischen Nachweis dieser Behauptung geliefert. — Am Arme machte er mit dem Plethysmographen Aufnahme und fand, dass die Curve im Momente, wo ein kaltes Sitzbad genommen, schnell aufsteigt, und, ein warmes genommen, schnell abfällt, und damit eine bedeutende Blutvermehrung oder Verminderung ausdrückt, bedingt durch schnelle Gefässverengerung oder Erweiterung der durch Kälte und Wärme gereizten Partien.

Dass die angeführten Veränderungen, die wir im Gefässsysteme auf Reize (thermische, mechanische und chemische) und auf Wärmeentziehung und Wärmezufuhr entstehen sehen, bedeutend auf den Gang der Herzaction einwirken müssen, ist nebeliegend; darob Verengerung oder Erweiterung eines grösseren Capillarbezirkes wird der arterielle Druck gesteigert oder herabgesetzt und die Herzaction dadurch beschleunigt oder verlangsamt werden; ganz entsprechend den Versuchen von M. und F. Cyon, die nachgewiesen haben, dass man allein durch Druckänderung im Gefässsysteme an dem von allen Nervencentren getrennten Herzen wesentliche Aenderungen in seinem Rhythmus hervorrufen kann.

Ausserdem sind es aber noch zwei Momente, die von grösstem Belang auf den Gang des Herzschlages sind; es sind dies 1. die Ganglienzellen, die im Herzen selbst liegen und 2. die Nervenbahnen, die das Herz mit den Centralorganen verbinden, vagus und sympathicus.

In den Herzganglien haben wir sicher die nervösen Elemente zu suchen, die dem Rhythmus der Herzbewegung ganz direkt vorstehen und wechselnd Systole und Diastole auslösen. Diese Ganglien sind nun im Stande am ausgeschnittenen Froschherzen noch lange den regelmässigen Gang der Herzaction zu erhalten; durch Wärme wird ihre Thätigkeit beschleunigt und durch Abkühlung verlangsamt. F. Lauder Brunton hat gezeigt, dass dieser Einfluss von Wärme und Kälte auch ganz in ähnlicher Weise sich beim ausgeschnittenen Herzen von Warmblütern beobachten lässt. Wie beim ausgeschnittenen Herzen die Temperatur der Umgebung die Thätigkeit beschleunigt oder verlangsamt, so wird unter normalen Verhältnissen die Temperatur des Blutes für den Rhythmus der Herzaction von grösster Bedeutung sein. Zahlreiche Versuche haben gezeigt wie Herabsetzung der Blutwärme den Puls verlangsamt, Steigerung der Blutwärme ihn beschleunigt. Ob die Blutwärme als solche der beschleunigende Reiz ist, oder ob durch sie nur die chemischen Vorgänge zu lebhafter Thätigkeit angefacht und dadurch der Puls beschleunigt wird, ist bis jetzt unaufgeklärt. Für unsere Zwecke genügt die angeführte Thatsache, die auch in zahlreichen balneologischen Beobachtungen eine mächtige Stütze findet.

Fast alle Forscher stimmen damit überein, dass Bäder unter einer gewissen Temperatur durch Abkühlung des Blutes den Puls verlangsamen, wärmere Bäder ihn dagegen beschleunigen. Der

Indifferenzpunkt, der nach den Individuen sehr schwankt, liegt zwischen 34 und 36° C. und scheint mit der Hautwärme zusammen zu fallen.

Ausser diesen eignen nervösen Centren, die, wie wir gezeigt haben, so wichtig auf den Rhythmus der Herzaction einwirken, müssen wir aber noch zwei Nervenbahnen erwähnen, auf denen dem Herzen durch die Medulla oblongata auf dem Reflexwege ständig Innervationsimpulse zugeführt werden. Es ist dies der Nervus vagus und der Nervus sympathicus. —

Bei Reizung des Vagus wird die Herzaction verlangsamt, und bei starker Reizung desselben tritt Herzstillstand in Diastole ein; bei Reizung des Sympathicus wird im Gegentheil die Herzaction beschleunigt und bei starker Reizung tritt Herzstillstand in Systole ein. Man nennt deshalb kurz den Vagus den Hemmungsnerven, den Sympathicus den Bewegungsnerven des Herzens. Auf diesen Bahnen werden dem Herzen beständig die beiden Arten von Impulsen zugeführt, Impulse die theils vom Gehirne aus durch Vorstellungen u. s. w. ausgelöst werden, theils reflectorische Uebertragungen sensibler Reize sind, die die Haut treffen. Wie stark diese Reize wirken, ist allbekannt. Wer wüsste nicht wie die Herzactionen bei Freude, Schrecken, Angst u. s. w. sich ändern. — Röhrig hat in seinen Reizversuchen gezeigt wie sensible Reize von der Haut aus auf die Herzaction einwirken. Wenn genannter Experimentator irgend eine Hautstelle (meist nahm er dazu Rücken oder Ohren eines Kaninchens) mit mechanischen, chemischen oder thermischen Agentien reizte, so beobachtete er bei schwächeren Reizen immer ein bedeutendes Steigen der Herzthätigkeit. Bei einem Kaninchen, dem er die Haut der Ohren mit Senfspiritus reizte, stieg der Puls von 150 auf 230 in der Minute. Nur bei starken Reizen tritt ein Sinken der Herzaction ein.

Neben der Weite des Strombettes der Herzaction bleibt noch ein Moment zu erwähnen, das auf die Circulation von grösstem Belange sein muss. Es ist dies die Energie der Herzaction. R. Wagner hat an eingestossenen Nadeln die Energie der Herzaction beobachtet und gefunden, dass Reize, die die Gefässe contrahiren und die Herzaction beschleunigen, die Energie der Contraction herabsetzen. Diese Beschleunigung der Herzaction mit Verminde-

rung der Energie lässt der Vermuthung hier Raum, ob für den
Herzmuskel nicht ähnliche Verhältnisse bestehen wie für die übrige
Musculatur, für welche Kostjurin und Tomas gezeigt haben,
dass sie (mit dem Dynamometer am Arme geprüft) leichter reagiren
während der Bäder, dass aber die Energie ihrer Arbeitskraft herabgesetzt ist. —

Diese wenigen Notizen aus der experimentellen Physiologie
vorausgeschickt, wollen wir uns der Erklärung der Vorgänge der
Circulation während unseren Versuchen zuwenden.

Gleich beim Eintritt in den Baderaum wird die ganze Körperoberfläche von dem thermischen Reize eines hochtemperirten
Mediums getroffen; die direkte Folge dieses Wärmereizes, der
sämmtliche Nervenorgane der Haut trifft, muss eine Contraction
der Muskel, der Haut und der Hautcapillaren sein. Gleich nach
dem Eintritt in den heissen Luftraum wird die Haut blass, anämisch, oft von Gänsehaut bedeckt. Durch diese allgemeine Contraction sämmtlicher Hautcapillaren wird das Strombett verengt,
der Druck im arteriellen Gefässsysteme gesteigert, und es tritt Beschleunigung des Pulses ein (Cyon).

In den heissen Luftbädern sehen wir bei beiden Beobachtern
den Puls schon in den ersten 5 Minuten bei F. um 10—20, bei
H. 5—6 Schläge sich steigern. —

In den Dampfbädern muss dieses Steigen der Herzaction beim
Eintritt noch mehr hervortreten, weil der thermale Reiz, der die
Haut trifft, hier bedeutend grösser ist wegen der grössern Wärmecapacität einer mit Wasserdampf gesättigten heissen Luft. Hier
steigt der Puls in den ersten 5 Minuten bei F. um 15—25, bei
H. um 10—12 Schläge in der Minute. —

Erst wenn wir uns einige Zeit in dem heissen Raume aufgehalten haben, tritt der zweite Faktor, die Wärmezufuhr, mehr und
mehr in den Vordergrund; in Folge davon (vielleicht wirkt hier
auch die nach fortdauernden Reizen eintretende Gefässparalyse
mit) erweitern sich die Capillaren, die Haut wird geröthet, succulent, reichlich von Blut durchströmt; die weitaus grösste Blutmenge wird der Haut zugeführt (B. Reil). Hierin kann man
eine gewisse Gegenwirkung des Körpers gegen die Ueberhitzung
der Haut finden, denn würde jetzt durch vermehrten Blutzufluss

in der Haut die aufgenommene Wärme nicht schnell durch Schweisssecretion wieder ausgeglichen, oder nach dem Innern des Körpers mit dem Blutstrome abgeleitet, so müsste die Haut bald die Temperatur des umgebenden Mediums annehmen. Dieses erwärmte, nach innen abfliessende Blut wird aber seinerseits die Herzaction beschleunigen, wie wir ja an unseren Versuchen gesehen, und auf diese Weise erklärt sich das schnelle Ansteigen der Pulsfrequenz, die stets mit der Temperatur gleichen Schritt hält.

Diese bedeutende Vermehrung der Blutfülle der Haut, mit Herabsetzung des arteriellen Druckes, mit Zunahme der Pulsfrequenz und offenbarer Abnahme der Energie der Herzkraft, muss natürlich die grössten Veränderungen im Blutstrom und Vertheilung desselben zu den inneren Organen erzeugen. Es muss in diese nicht allein eine Herabsetzung des Blutdruckes, sondern auch eine Verminderung der Blutzufuhr eintreten, die sich in Verminderung ihrer Thätigkeit innerer Organe spiegelt. —

Die auffallende Verschiedenheit im Ansteigen der Pulsfrequenz bei beiden Experimentatoren kann ich nur mit Hinweis auf die Gesammtstimmung des Nervensystems der beiden Badenden erklären. F. ist erethisch, H. phlegmatisch. So dunkel dem heutigen Stande der Wissenschaft dieser Moment noch ist, ebenso über allen Zweifel erhaben ist seine enorme Bedeutung.

Der Widerspruch unserer Beobachtungen mit denen von Cyon, der bei Erweiterung der peripheren Gefässbahnen ein Sinken des Druckes und ein Langsamwerden des Pulses beobachtet, ist ein nur scheinbarer, denn bei unseren Beobachtungen tritt ein neues Moment von grosser Wichtigkeit hinzu; es ist die Erwärmung des Blutes, und durch sie besonders wird von den Ganglien des Herzens selbst die Beschleunigung der Herzaction angelöst. Die Richtigkeit dieser Annahme, dass die Pulsfrequenz hauptsächlich von der Temperatur des Blutes abhängt, welches überhitzt von der Haut zu dem Herzen zurückfliesst und hier die Ganglien zu schneller Action anreizt, zeigt sich mit grosser Schärfe in allen unseren Curven, die den Gang der Temperatur und des Pulses darstellen.

In den Curven der heissen Luftbäder 1, 2, 3 von F. und 2, 3 von H. sehen wir, wie meist nach Verlauf von 10 bis 20 Mi-

unten Aufenthalt im heissen Luftraume die Axillartemperatur und
die Pulsfrequenz weniger rasch ansteigen. Dadurch wird in unseren Curven eine sehr markirte Knickung erzeugt, welche zeitlich
mit dem Schweissausbruche zusammenfällt. Das Zusammenfallen
des Schweissausbruches mit der Knickung in den Curven für Puls
und Temperatur ist jedoch kein zufälliges, sondern das letztere
ist durch das erstere bedingt.

Wie unter dem Einflusse der Wärme die sämmtlichen Gefässe
der Haut sich erweitern und wie in raschem Flusse das durch
Wärmeaufnahme überhitzte Blut nach innen abgeführt wird, und
wie dadurch die Herzaction sich beschleunigt, haben wir verfolgt
bis zu dem Momente, wo die Thätigkeit der Haut als Secretions-
organ so gross wird, dass selbst die hochtemperirte Luft nicht
mehr ausreicht die Secrete sofort zu verdunsten, sondern wo dieselben in flüssiger Form den Poren entquellen und bald so reichlich werden, dass der ganze Körper von Schweiss bedeckt ist.
Mit dem Schweissausbruch tritt ein neuer Faktor von grosser Tragweite auf; es ist dies die Verdunstung des Schweisses, die eine
grosse Menge Wärme verbraucht, diese wird natürlich aus der
nächsten Umgebung (der Haut) genommen. Das Blut führt in
Folge dessen weniger Wärme dem Herzen zu, und deshalb sehen
wir von der Zeit des Schweissausbruches ab, einerseits die Temperatur der Oberfläche, andererseits die Pulsfrequenz weniger schnell
ansteigen.

Im heissen Luftbade ändern sich diese Verhältnisse jedoch
mit dem Eintritte in den Raum von 65° C. Hier ist selbst die
lebhafteste Schweissverdunstung nicht mehr im Stande die Wärmeaufnahme durch die Haut hinreichend zu compensiren, und wir
sehen deshalb vom Eintritte ab den Puls wieder schneller ansteigen, bis er bei F. 130, bei H. 85 Schläge in der Minute erreicht. —

Im Dampfbade sind die Verhältnisse, die wir in der Blutvertheilung beobachten, ziemlich dieselben, doch tritt die Röthung
der Haut hier etwas früher, schon nach wenigen Minuten ein.
Hier steigt gleich vom Eintritte an der Puls rapide in die Höhe
und erreicht nach 25 Minuten bei F. gegen 140, bei H. 90 Schläge
in der Minute. Wir erblicken in dieser Thatsache eine neue Stütze

für unsere Behauptung, dass der Hauptfaktor für die Beschleunigung der Herzaction in der Temperatur des Blutes zu suchen ist, die hier ungemein schneller ansteigt, als in dem heissen Luftbade. —

Im heissen Luftbade wie im Dampfbade, im letztern viel mehr wird der Puls nach einiger Zeit (heisses Luftbad 15—20, Dampfbad 10 Minuten) weich, leicht zu unterdrücken, bei *F*. im Dampfbade sogar gegen Ende klein, unregelmässig, aussetzend (Wagner's Versuche).

Wenn ich auch weitaus den grössten Einfluss auf den Gang der Herzaction der Bluttemperatur zuschreibe, so bin ich doch weit entfernt zu glauben, dass durch dieses mächtige Moment sich die Pulsfrequenz (Zu- und Abnahme) ganz und gar erklären liesse. Vielmehr müssen wir zu den die Herzaction beschleunigenden thermischen Reizen unsere Zuflucht nehmen, wenn wir erklären wollen warum z. B. im Dampfbade bei gleich hoher Rectumtemperatur die Pulsfrequenz viel höher ist als im Ruheraume nach dem Bade.

Mit dem Eintritte in den Frottirraum hört die Wärmezunahme des Körpers auf, und durch Wärmeabgabe durch Haut und Lungen beginnt jetzt der Ausgleich der Körpertemperatur. Die Haut bleibt hier noch stark geröthet, von Blut überfüllt, die Herzaction beginnt jedoch sich zu verlangsamen wegen der sinkenden Blutwärme; durch lauwarme Duschen wird die Abkühlung etwas unterstützt.

Erst beim Eintritt in das kühle Vollbad und unter der kalten Brause ganz besonders ziehen sich die Hautgefässe auf kurze Zeit zusammen; jetzt wird der Körper blass, die grösste Blutmenge muss nach den inneren Organen gedrängt sein. Diese Rückstauung des Blutes dauert jedoch nur so lange, als Vollbad und Dusche einwirken, und wenige Augenblicke nachher finden wir im Abtrocknenraume und auf dem Ruhebette die Hautgefässe weiter wie je zuvor. — Leider haben wir während dieser ganzen Procedur keine Beobachtungen über Pulsfrequenz gemacht; doch die gleich im Ruheraume vorgenommene Zählung zeigt uns, wie energisch die Abkühlung des Körpers auf die Herzaction eingewirkt, denn gleich die erste Zählung gibt uns Werthe, die die

Anfangsziffern wenig übersteigen. Meist war nach einer halben
Stunde Ruhe die normale Hautfärbung zurückgekehrt, und das
Herz zeigte wieder dieselbe Frequenz wie vor dem Bade, so dass,
soweit wir ermitteln konnten, nach dieser Zeit die alten Verhältnisse in der Circulation wieder hergestellt waren. —
Unsere Beobachtungen über die Aenderungen der Circulation
während der Badeproceduren stimmen genau mit dem bereits Bekannten. Alle Beobachter fanden ein schnelles Ansteigen des
Pulses im heissen Raume; ziemlich schnelles Zurückgehen zur
Norm bei der Abkühlung. — Nicht ohne praktisches Interesse
dürfte es wohl sein, wenn ich hier kurz den Gang des Pulses,
wie ihn Kostjurin in seinen Versuchen an Kranken gefunden
hat, mittheile. Ich nehme von seinen Beobachtungen nur Nr. 1,
3, 4, 6 aus erster Gruppe, Nr. 1, 2, 4, 6, 7 aus zweiter Gruppe
und Nr. 1, 3, 4 aus dritter Gruppe, weil ich in diesen Beobachtungen eine Diagnose über das Leiden des Badenden finde.

	Puls in einer Minute			
	bis zum Bade	in der Waschstube	auf der Britsche	nach dem Bade
1. Bronchitis	75	100	120	115
2. Bronchitis et Pharyngit.	77	110	160	90
4. Bronchitis	100	120	130	90
6. Rheumatismus	76	105	122	40
1. Icterus catarrh. et stenosis ostii venosi sinistri, pericarditis, arteriosclerosis . .	57	130	146	92
2. Bronchitis	62	114	129	87
4. Scorbutus	60	90	120	85
6. Scrophulosis	57	120	136	80
7. Febricula	76	94	110	64
1. Bronchitis, Emphysema chronic. Arteriosclerosis .	67	80	120	80
2. Insuff. valvul. bicuspidal. et arteriosclerosis	60	85	104	92
4. Emphysema	67	80	95	80

Wenn wir gleich aus diesen Zahlen ohne jede genauere Angabe des Badenden keine weiteren Schlüsse uns erlauben dürfen,
so zeigen sie uns doch, wie gut von Leuten selbst mit ganz ausgesprochenen Herz- und Gefässerkrankungen die russischen Bäder
ertragen werden, und wie gerade bei solchen gegen alles Erwar-

ten der Einfluss auf den Puls sich geringer zeigt als bei anderen Kranken (Fall 1 und 2 der 3. Gruppe). Leider ist der Fall 1 der 2. Gruppe für unsere Zwecke nicht zu verwerthen, obwohl er fast die extremsten Zahlen für Puls zeigt, denn der Badende leidet ausser an einer Stenose des linken venösen Ostiums, noch an Icterus catarrhalis, an Periostitis und Arteriosclerosis, und es ist unmöglich zu sagen auf Rechnung welcher Affection diese hohe Pulssteigerung hauptsächlich zu beziehen ist. Jedenfalls beweist der Fall nicht gegen meine Ansicht, dass Herzkranke die Schwitzbäder gut ertragen.

Noch erübrigt uns einige Worte über die Circulation der Lymphe folgen zu lassen. Bekannt ist ja wie in den äusserst dünnwandigen, klappenreichen Kanälen die Lymphe unter niedrigem Drucke von der Peripherie dem Herzen zufliesst, und wie unter normalen Verhältnissen jede Muskelaction ihr als movens dient, und wie sie durch den negativen Druck bei der Inspiration in den Thorax aspirirt wird. —

Dass diese Flüssigkeit bei unseren Experimenten in schnellen Fluss kommen muss ist klar; denn nicht allein werden die musknitösen Gebilde der Kanäle, in denen sie sich bewegt, auf thermische Reize gerade so antworten müssen als die der Blutgefässe, sondern es wird auch durch Contraction der Muskeln der Haut selbst die Lymphe aus den Lymphräumen und aus den Gefässen derselben centripetal weiter gedrängt werden und so in schnellen Fluss kommen. Ausserdem müssen die tiefen Inspirationen, wie sie durch kühles Tauchbad und kalte Dusche ausgelöst werden, fördernd auf den Gang derselben einwirken.

Fassen wir hier noch einmal kurz zusammen, so sehen wir beim Eintritt in den Baderaum durch den thermischen Reiz Contraction der Hautcapillaren, Druckvermehrung im Arteriensysteme und Pulsbeschleunigung eintreten. — Bald erweitern sich unter dem Einflusse der Wärmezufuhr sämmtliche Capillaren der Haut, der arterielle Druck sinkt, die Herzaction wird noch mehr beschleunigt — Erscheinungen die so lange zunehmen, als der Körper der erwärmten Luft ausgesetzt ist.

Mit dem Uebergang in den Frottirraum sinkt die Herzaction, die Hautgefässe bleiben erweitert, und erst beim kühlen Vollbade und der kalten Dusche tritt Contraction der Hautgefässe ein, die sehr schnell einer ganz beträchtlichen Erweiterung weicht, wie wir sie im Ruheraume beobachten und die noch circa ½ Stunde vorhält. Vom Austritt aus dem heissen Raume an sinkt die Herzaction beständig und ist nach circa 10 Minuten Ruhe wieder zur Norm zurückgekehrt; — als Résumé des Ganzen werden wir sagen dürfen, dass wir *im heissen Luft- und noch mehr im Dampfbade ein kräftiges Mittel besitzen, auf die Circulation des Blutes ganz energisch einzuwirken.*

Hier muss ich kurz noch eines Faktors gedenken, der nicht ohne Einfluss auf die Strömung des Blutes zu sein scheint; es ist dies die mit dem Abseifen verbundene Knetung des ganzen Leibes, und es kann wohl keinem Zweifel unterliegen, dass durch kräftiges centripetales Streichen der Extremitäten und durch Kneten des Rumpfes der venöse Blutstrom und Lymphstrom befördert wird und es scheint sogar naheliegend, dass diese Procedur geeignet ist selbst Exsudate in Gelenken, Muskeln, Nervenscheiden zu entfernen, um so mehr, wenn sie unmittelbar nach dem Verlassen des heissen Raumes, wo ja die Circulation so wesentlich beschleunigt ist, ausgeführt wird. —

Im folgenden Abschnitte werden wir zeigen wie die Therapie dieser kräftigen Agentien sich zu Heilzwecken bei den verschiedenartigsten Krankheiten bedient. —

Respiration.

Wenn wir uns der Betrachtung der Vorgänge im Respirationsacte während unserer Versuche zuwenden, so müssen wir uns vergegenwärtigen, dass auch hier, wie bei der Circulation, die gefundenen Veränderungen auf die drei bereits bekannten Faktoren „Reiz, Wärmezufuhr, Wärmeabgabe, Gegenwirkung des Organismus" zurückzuführen sind.

Wie mächtig Hautreize auf den Gang der Respiration einwirken ist bekannt. Reizt man z. B. die Haut der Fusssohle, so wird reflectorisch die Einathmung schnell und tief, die Ausathmung erfolgt in zahlreichen, schnell aufeinander folgenden Stössen, es entsteht Lachen; reizt man die Haut der Nase, so wird die

Inspiration schnell krampfhaft tief, und es erfolgt eine explosionsartige, mit Geräusch verbundene Exspiration, Niesen. Bespritzen wir die Haut des Gesichtes oder der vorderen Brustwand mit kaltem Wasser, so werden dadurch langgezogene tiefe Inspirationen ausgelöst, und jeder Laie weiss davon Gebrauch zu machen, wenn es gilt einen Ohnmächtigen wiederzubeleben. Ich könnte diese Beispiele noch weiter fortführen, will aber hier nur noch des mächtigen Einflusses gedenken, den Vorstellungen auf die Respiration ausüben — Stillstand des Athems bei Ueberraschung, Weinen, Lachen u. s. w. So sehr diese allgemeinsten Beobachtungen bekannt sind, so ist doch das Studium über den Einfluss von Hautreizen auf die Respiration noch in den ersten Anfängen. Ausser Schiff[1]) und F. Falk[2]) hat meines Wissens nur Röhrig[3]) über den Einfluss der Reizung sensibler Fasern auf die Athmungen Versuche gemacht. Röhrig fand regelmässig, dass jeder Hautreiz, möge er mechanischer, chemischer oder thermischer Natur sein, die Athmung verlangsamt.

Wenn er einem Kaninchen beide Ohren auf der Innen- und Aussenfläche sammt Ohrenwurzel mit dem gewöhnlichen Scalspiritus bestrich, so beobachtete er neben Ansteigen der Pulsfrequenz einen gleichzeitigen Abfall der Zahl der Athemzüge.

Ein Thier welches vor der Procedur, 10 Uhr, noch
150 Herzschläge
68 Athemzüge
hatte, zeigte 10 Uhr 10 Minuten (also 10 Minuten später)
160 Herzschläge
28 Athemzüge
10 Uhr 20 Minuten 203, 306 Herzschläge
26 Athemzüge
10 Uhr 30 Minuten 204, 180, 205 Herzschläge
16 Athemzüge
10 Uhr 45 Minuten 220 Herzschläge
16 Athemzüge
11 Uhr — Minuten 220 Herzschläge
40 Athemzüge
12 Uhr — Minuten 230 Herzschläge
54 Athemzüge

1) Schiff, Comptes rendus 1861.
2) Fried. Falk, Archiv für Anatomie 1872.
3) A. Röhrig, l. c.

```
1 Uhr — Minuten  216 Herzschläge
                 60 Athemzüge
4 Uhr — Minuten  220 Herzschläge
                 62 Athemzüge
11 Uhr Nachts    167 Herzschläge
                 66 Athemzüge.
```

Der Versuch zeigt deutlich wie mit der Zunahme der Pulsfrequenz eine enorme Abnahme in der Athemfrequenz einhergeht, wie aber die Belebung der Herzthätigkeit das Sinken der Athemzüge noch einige Zeit überdauert. Die Athmung versucht sich früher wieder ihrem normalen Rhythmus zu nähern, erholt sich aber viel langsamer von dem äussern Eingriff, als dieses bei der Herzaction der Fall ist. Wesentlich scheint mir noch hervorzuheben, dass die Tiefe der einzelnen Inspirationen sich umgekehrt wie ihre Frequenz verhält, d. h. mit der Frequenzverminderung wächst.

Bei sehr starken Hautreizen ist das Absinken der Athemfrequenz noch ein viel beträchtlicheres, und man darf wohl bereits sich den Schluss erlauben, dass Hautreize einen ganz enormen, hemmenden Einfluss auf die Athmung ausüben.

Ackermann fand durch zahlreiche Experimente, dass Erhöhung der Körpertemperaturen die Respiration in ihrer Frequenz beschleunigt, und Goldstein bewies, dass diese Beschleunigung auf eine Erhöhung der Temperatur des Blutes zurückzuführen sei und vom verlängerten Marke, wo ja die Centren der Athmung zu suchen sind, ausgelöst wird. Wie Temperaturerhöhung beschleunigend, so wirkt Temperaturerniedrigung verlangsamend auf die Athmungsfrequenz.

Bei Erhöhung und Erniedrigung der Körpertemperatur wird sich jedoch die Gegenwirkung des Organismus geltend machen, die bemüht ist durch Vermehrung der Athemzüge die Lungenventilation zu beschleunigen und so die Temperatur herabzusetzen, bei niederer Temperatur wird das Gegentheil eintreten; in wieweit durch genannten Vorgang der Körper sich im heissen Luftbade und Dampfbade vor Temperatursteigerung schützen kann, werden wir später verfolgen.

Wie genannte Aenderungen im Rhythmus der Respiration auf

die Sauerstoffaufnahme und Kohlensäureausgabe einwirken, ist zur Zeit offene Frage. Für unsere Zwecke genüge es zu erwähnen, dass Pettenkofer die Sauerstoffaufnahme und Kohlensäureabgabe im Ruhezustande für einen Menschen auf 705 Grm. Sauerstoff und 911 Grm. Kohlensäure per Tag bestimmt hat. Ich führe desshalb diese Werthe an, weil sie uns zeigen wie im Gewicht die Sauerstoffaufnahme der Kohlensäureabgabe nahe steht. Wenn wir erst aus diesen Angaben die Menge für 2 Stunden, also die Dauer unserer Versuche berechnen, so sind die Zahlenwerthe der Sauerstoffaufnahme und Kohlensäureabgabe vollends so nabeliegend (60 und 75 Grm.), dass wir sie für unsere Versuche, ohne grossen Fehler zu begehen, als gleich gross annehmen dürfen. Ich bin damit weit entfernt zu glauben, dass die Kohlensäureausgabe die Sauerstoffaufnahme im Gewichte ausgleicht; vielmehr bin ich überzeugt, dass sicher nach den Resultaten von Liebermeister u. a. m. die Temperatursteigerung während unserer Bäder eine Vermehrung der Kohlensäureausscheidung zur Folge hat. — Ich schicke dies voraus, weil diese Annahme uns die Erklärung der Stoffwechselvorgänge bedeutend vereinfacht.

Kehren wir zu unseren Versuchen zurück. Im heissen Luftbade wie im Dampfbade steigt beständig die Athemfrequenz, im Dampfbade (F. 23, H. 22), etwas höher wie im heissen Luftbade. Darin stimmen unsere Versuche mit denen von Oesterlen Fordyce, die im heissen Luftraume nur unbedeutendes Ansteigen der Athemfrequenz fanden und von Lehmann und Harlep, die bei Menschen und Thieren im Dampfraume eine weit grössere Vermehrung der Athemzüge angaben, vollständig überein.

Gleich hier will ich auf eine individuelle Verschiedenheit hindeuten. Während nämlich bei H. im Mittel in den heissen Luftbädern die Respiration sich um 4 Athemzüge in der Minute vermehrt, zeigt F. nur eine Vermehrung von 3. Im Dampfraum dagegen hat H. nur die gleiche Vermehrung von 4 Athemzügen, während F. eine solche von 6 im Mittel zeigt. Dieser kleine Unterschied in der Art der Respirationsbeschleunigung ist nicht ganz ohne Interesse, da er uns bei den sonst ganz analogen Verhältnissen einen Beleg dafür gibt, wie die gesammte Nervenstimmung auf den Gang der Respiration einwirkt.

1.

Nur einmal finden wir bei F. im 2. heissen Luftbade gleich bei dem Eintritte in den heissen Raum ein Sinken der Athemfrequenz, was uns leicht erklärlich scheint durch die Annahme, dass hier einmal der hemmende Einfluss von Seiten der thermisch gereizten Hautnerven grösser war als die Summe der die Respiration beschleunigenden Faktoren. — Dass das wichtigste Moment für die Zunahme der Respirationsfrequenz in der Zunahme der Körpertemperatur liegt, zeigt schon ein flüchtiger Blick auf unsere Curven, in denen Temperatur und Respirationsfrequenz stets denselben Gang einhalten. —

Gleich beim Verlassen des heissen Luftbades oder Dampfbades treten mit dem Eintritte in den Frottirraum, bedingt durch den Hautreiz der niederen Temperatur der Luft, tiefe ergiebige Respirationen ein, und während der Abkühlungsprocedur sinkt die Respiration ganz beträchtlich und erreicht im kühlen Vollbade nur unter der kalten Dusche ihren niedersten Stand.

Besonders unter der letzteren wird die Respiration sehr verlangsamt, sie sinkt bei den verschiedenen Beobachtungen bis auf 5 und 6 Athemzüge in 50 Sekunden; dabei ist der Rhythmus verändert, die Inspiration sehr tief forcirt, wie bei Einem, der an Luftmangel leidet, schnappend; die Exspiration ruhig, lang gezogen. —

Leider ist es unmöglich gewesen in unseren Curven den Gang der Respiration während dieser 10 Minuten dauernden Abkühlungsprocedur einzuzeichnen, da wir keine zuverlässigen Zählungen während dieser Zeit gewinnen konnten; doch lässt sich mit grosser Sicherheit der ansteigende Gang daraus erkennen, dass gleich nach Beendigung der Abkühlungsprocedur die Athemfrequenz zur Norm oder selbst unter dieselbe zurückgekehrt ist.

Es sei gestattet unsere Beobachtungen durch die von Kostjurin zu vervollständigen. Wenn ich anstatt einfach zu citiren, etwas genauer die Angaben genannten Forschers bringe, so hat dies darin seinen Grund, dass die Originalarbeit in russischer Sprache erschienen und deshalb den meisten Lesern unzugänglich sein dürfte. Kostjurin fand als Mittel von 20 Beobachtungen, die er an Kranken aller Art machte die Athmung steigen, und zwar von

20,3 vor dem Bade auf
25,9; in der Waschstube auf
35,5; auf der Britsche und nach der Abkühlung
auf 23,7 zurücksinken.

Diese Zahlen übertreffen die unseren ganz beträchtlich. Wir werden nicht erstaunt sein darüber, wenn wir uns vergegenwärtigen, dass Kostjurin nur an Kranken der verschiedensten Art seine Beobachtungen machte.

Besonders interessant scheint mir in seiner Tabelle eine Zusammenstellung der Veränderung im Respirationsacte, wie er ihn an den Kranken mit Bronchitis beobachtet hat, hier steigt die Respiration wie folgt:

Beim Ersten von 18 vor dem Bade
auf 33 in der Waschstube,
auf 60 auf der Britsche und
sank nach der Abkühlung auf 21.

Beim Zweiten von 20 auf 46 auf 60 auf 25,
beim Dritten von 20 auf 60 auf 65 auf 27.

Diese Beobachtungen über das enorme Steigen der Respirationsfrequenz bei Bronchitis mögen uns den Schlüssel geben für die hohen Mittelwerthe, die Kostjurin angibt.

Unter seinen Beobachtungen sind 9, in denen die höchste Respirationsfrequenz 30 nicht übersteigt, sogar eine, in der dieselbe unter 20 bleibt.

Mit dieser Zunahme in der Respirationsfrequenz ist eine Abnahme in der Vitalcapacität und im Inspirations- und Exspirationsdrucke (Pneumatometer Waldenburg) gefunden. Unwillkürlich erinnert dieses schneller Werden der Respiration, verbunden mit einer Abnahme der Energie der Respiration an die Erscheinungen, wie wir sie am Herzen (Zunahme der Pulsfrequenz und Kleinwerden des Pulses) und an den übrigen Muskeln (schneller, aber weniger energische Reaction auf faradischen Reiz und auf eigenen Willen) gesehen haben. —

Der grössere Umfang des Thorax, der nach dem Bade beobachtet wird (½ Ctm. mehr), der auffallend auf den ersten Blick mit der verminderten Vitalcapacität contrastirt, beruht auf dem grossen Blutreichthum der Haut während und nach dem Bade.

Wärmebilanz.

Die Ansicht von der Constanz der Körpertemperatur eines gesunden Menschen, die früher eine so unangefochtene war, dass Newton dieselbe als festen Punkt für Thermometerscala annahm, hat in letzter Zeit sehr bedeutende Aenderungen erfahren, um nicht zu sagen ist durch die Forschungen der Neuzeit widerlegt worden.

Wenn Brown Sequard und Andere behaupten, der Mensch könne einen Temperaturwechsel von 60 Grad ohne erhebliche Schwankungen seiner Eigenwärme ertragen, so ist dies jedenfalls nur dadurch möglich, dass der Mensch durch seine Kleidung, die er ja ganz nach Bedürfniss ändern kann, um seinen Körper eine abgeschlossene erwärmte Luftschichte „sein Privatklima" herstellt. Nach sehr zahlreichen Beobachtungen von Senator, Winternitz und Anderen ist die Blatttemperatur nur 5 bis 8 Grad höher als die der abgeschlossenen Luftschichte, welche die Oberfläche unmittelbar berührt, und wir ersehen daraus, dass die Temperaturdifferenzen, die der Körper zu überwinden hat, nicht 60 Grad, sondern höchstens 8—12 Grade betragen.

Für unsere Versuche entbehrt der Körper der ihn umgebenden abgeschlossenen Luftschichte, und die Temperaturen, die zur Anwendung kommen (von 10 bis 65 Grad Cels. schwankend) wirken ganz direkt auf denselben ein. Wie gegenüber diesen mächtigen Temperatureinflüssen unser Körper sich verhält, wie er seine normale Temperatur zu erhalten sucht, sei der Gegenstand der folgenden Betrachtung.

Um unter normalen Verhältnissen die Körpertemperatur auf gleicher Höhe zu halten, ist es nötig, dass Wärmeproduction und Wärmeabgabe in einem ganz genauen Gleichgewichte stehen.

Seit der ersten calorimetrischen Untersuchung am Menschen von Scharling im Jahre 1849 ist das Studium der Wärmequelle des Menschen ein Gegenstand intensivster Forschung geworden. Die Methoden, die zu diesem Ende ersonnen wurden nur zu erwähnen, würde den Rahmen unserer Arbeit weit überschreiten; dagegen will ich kurz die calorimetrischen Werthe angeben, die nach der Immermann'schen Reductionsformel sich aus den Helmholz'schen Beobachtungen ergeben.

Wir erhalten darnach als mittlere Wärmeproduction für einen Menschen von

Kilogrm.	täglich Calorien	in 1 Stunde Calorien	in 1 Minute Calorien
10	670	24	0,5
20	1057	44	0,7
30	1398	58	1,0
40	1703	71	1,2
50	1965	82	1,4
60	2210	92	1,5
70	2458	102	1,7
80	2695	112	1,9
82	2732	114	1,9

Eine Calorie ist die Wärmemenge, die erforderlich ist ein Kilogramm Wasser um einen Grad Cels. zu erwärmen; es sind also Kiloralorien, mit denen wir rechnen.

Diese Zahlen berechnet aus den Einnahmen des Körpers und den Verbrennungswerthen derselben können natürlich nur im weitesten Sinne als Mittelwerthe betrachtet werden, da ja auf die Beschleunigung, die der Oxydationsprocess durch Arbeit u. s. w. erfährt, keine Rücksicht genommen ist.

Berechnen wir aus der Nahrungsaufnahme und aus den Verbrennungswerthen derselben

Eiweiss . . 5,0
Fett . . . 9,85
Kohlenhydrat 4,23

für *F*. und *H*. die tägliche Wärmemenge, so finden wir folgendes:

Für *F*. täglich
137,02 Grm. Eiweiss
231,5 Grm. stickstofffreie Substanz, die zu ¼ aus Fett, zu ¾ aus Amylum bestehen dürfte
138 × 5,6 = 772,5
60 × 9,85 = 591,0
170 × 4,23 = 719,1
2082,9 Calorien für den Tag
oder 90 Calorien auf 1 Stunde.

Für *H*.

160,6 Grm. Eiweiss
270,8 Grm. stickstofffreie Substanz, die zu ¼ aus Fett,
zu ¾ aus Amylum bestehen dürfte, demnach halten wir circa

× 5,0 = 696,0
× 9,85 = 889,5
× 4,23 = 846,0

2431,5 Calorien für den Tag
oder 100 Calorien auf die Stunde.

Diese Zahlen, bei deren Berechnung wir den Einfluss der Arbeit auf die Wärme, als uns zu weit führend, ganz ausser Acht liessen, geben uns annähernd ein Bild von der Wärmeproduction von *F*. und *H*. Die Wärmecapacität der Körper auf 83 angenommen, wäre diese Wärmemenge im Stande, bei Ausschluss jeder Wärmeabgabe innerhalb 24 Stunden den Körper um circa 40° C. zu erwärmen, oder in einer Stunde um circa 1,5° C. Weiter geben diese Zahlen uns einen Anhaltspunkt für die Grösse der Wärmeabgabe, die ja, wenn die Constanz der Körpertemperatur erhalten werden soll, der Production genau entsprechen muss.

Die Wärmeabgabe des Körpers geschieht auf vier verschiedenen Wegen:

1. durch Erwärmung der Ingesta;
2. durch Umsatz in lebendige Kraft;
3. durch die Lungen;
4. durch die Haut.

Diese vier Faktoren, aus denen sich die Gesammtwärmeabgabe zusammensetzt, schwanken selbst bei normalen Verhältnissen innerhalb sehr weiter Grenzen. Nach vielfachen Beobachtungen hat man die einzelnen auf folgende Zahlenwerthe vorläufig festgesetzt.

Die Wärme, die zur Erwärmung der Ingesta verbraucht wird, hängt natürlich ab von der Menge und der Temperatur derselben. Die Grösse des Wärmeverlustes auf diesem Wege schwankt zwischen ¹/₉₀ und ¹/₁₁ des Gesammtverlustes.

Der Wärmeverlust durch Umsatz der Wärme in lebendige Kraft ist natürlich demselben Wechsel unterworfen wie die geleistete Arbeit selbst. Um nicht den Rahmen unserer Arbeit allzuweit zu überschreiten, wollen wir für unsere Versuche annehmen, dass die Wärmeabgaben sub 1 und 2 sich gleich blieben, was wir jedenfalls ohne einen allzugrossen Fehler zu begehen wagen dürfen — denn während der Zeit der Bäder fand absolut keine Nahrungsaufnahme statt, und die Muskelarbeit war ausser der Thätigkeit des Herzens und der Respirationsmuskeln beschränkt auf den kurzen Gang vom Auskleideraum in den beiden Luft- resp. Dampfraum, wo wir in ruhiger Rückenlage verweilten, von da in den Frottirraum, ins kalte Tauchbad, unter die Dusche, in den Ahtrockenraum und zuletzt in den Ruheraum. Diese Bewegungen sind nicht nur äusserst unbedeutend, sondern sie sind auch alle Tage dieselben geblieben.

Der Wärmeverlust durch die Lungen wird erzeugt:

1. durch Erwärmen der Inspirationsluft; dabei wird, wenn die Luft 18° C. hat, etwa $1/{45}$ des Gesammtverlustes aufgewendet. Sinkt die Lufttemperatur, so ist natürlich der Wärmeverlust noch grösser; steigt sie, so wird er kleiner.

2. Dadurch dass ein Theil des von den Lungen ausgeschiedenen Wassers in Dampfform mit der exspirirten Luft entweicht. Dadurch wird dem Körper eine ziemliche Menge Wärme entzogen, die nach der Temperatur und dem Feuchtigkeitsgrade der eingeathmeten Luft beträchtlich schwankt und auf circa $1/{11}$ des Gesammtverlustes geschätzt wird.

Den wichtigsten Faktor in der Wärmeabgabe besitzen wir offenbar in der Thätigkeit der Haut, und schon auf den ersten Blick muss es einleuchten, dass das Hautorgan, das ja direkt mit dem umgebenden Medium in steter Berührung ist und eine so grosse Oberfläche darbietet, für die Abgabe der Wärme eine ganz enorme Bedeutung haben muss. Der dadurch hervorgebrachte Wärmeverlust setzt sich unter normalen Verhältnissen aus zwei Componenten zusammen:

1. Aus dem Verluste durch Strahlung und Leitung in die umgebende Luft; dabei ist natürlich die Differenz zwischen Körpertemperatur und Temperatur des umgebenden Mediums, sowie das Wärmeleitungsvermögen des letzteren von grösster Bedeutung; — der Verlust ist proportional der Grösse der Temperaturdifferenz, er schwankt zwischen $1/2$ bis $3/5$ des Gesammtverlustes.

2. Aus dem Verluste durch Dampfbildung; dieser ist äusserst

wechselnd je nach der Temperatur der Luft und ihrem Feuchtigkeitsgrade und schwankt zwischen ⅕ und ⅓ des Gesammtverlustes.

Die Wärmeabgabe durch die Haut ist für die Erklärung unserer Versuche von so fundamentaler Bedeutung, dass wir dabei etwas länger verweilen müssen. Genaue Messungen der Grösse der Wärmeabgabe durch die Haut, und ihre Aenderung unter den verschiedensten Einflüssen, besonders bei Anämie und Hyperämie des Hautorgans hat Winternitz angestellt, und wir wollen in Folgendem uns genau an seine Darstellung halten, da es kaum gelingen dürfte, eine bessere zu finden.

Winternitz bediente sich zur Bestimmung der Wärmeabgabe durch die Haut einer einfachen Methode; er bestimmte nämlich ganz direkt, in welcher Zeit und um wie viel Grade ein gemessenes Luftquantum von einer gemessenen Körperstelle aus erwärmt würde.

Zu diesem Zwecke liess er zwei Holzkästchen mit doppelten 6″ von einander abstehenden, durch Luft — einen sehr schlechten Wärmeleiter — getrennten Wänden construiren. Die Kästchen von cubischer Form umschliessen von 5 Seiten einen Luftraum von 50 Cctm. Volum. Die sechste Fläche des Hohlraumes, zugleich die Basis des Kästchens bildend, ist offen.

Die Doppelwände des Kästchens durchbohrend, tauchen zwei Thermometer mit ihren Quecksilbergefässen in den cubischen Luftraum. Das verticale Thermometer endet mit seinem cylindrischen Quecksilberbehälter 4″′ oberhalb des Niveaus der offenen Fläche des Luftraumes. Das zweite Thermometer hat ein unter einem stumpfen Winkel vom Scalatheile abgebogenes, schneckenförmig in der Ebene aufgerolltes Quecksilbergefäss. Dieses Thermometer ist ein wenig nach auf- und abwärts verschiebbar; die von den geschlossenen doppelwandigen Seitenflächen begrenzte viereckige Eingangsöffnung des cubischen Luftraumes misst genau 15 Qctm. Um zu verhüten, dass durch Verdunstung oder Condensation vom perspirirten oder transpirirten Wasser das Resultat getrübt werde, hat er die offene Wand des cubischen Luftraumes mit einer impermeablen Membran vom feinsten Guttaperchapapier verschlossen. Zahlreiche Controlversuche haben gezeigt, dass eine solche Hülle, wenn sie der Haut allenthalben fest anliegt, die Wärmeabgabe nicht wesentlich alterirt, vielleicht sogar um ein Minimum vergrössert.

Die Anwendung der eben beschriebenen Apparate ist folgende: Nachdem die Zimmertemperatur und die Temperatur in dem Luftraume des Kästchens (wir wollen es fortan Calorimeter nennen) notirt wurden, wird dasselbe derart auf die Haut gesetzt, dass die mit der Guttaperchamembran verschlossene Fläche allseitig und gleichmässig der Haut anliegt. Das ganze Calorimeter, welches behufs Verminderung der Wärmeabgabe und besserer Isolirung von der Umgebungstemperatur mit verschiedenen Schichten schlechter Wärmeleiter (Watte, Flanell, Seide) überzogen ist, wird rasch mittelst Gürtels an den Körpertheil, dessen Wärmeabgabe geprüft werden soll, festgeschnallt; endlich der Schneckenthermometer durch leichtes Verschieben an die Haut angepresst.

Nun wird in bestimmten gleichen Zeiträumen die Erwärmung des cubischen Luftraumes an dem verticalen Thermometer abgelesen und notirt. Am Schluss des Versuches kann an dem Schneckenthermometer die Temperatur der Hautoberfläche, von der die Wärmeabgabe geprüft wurde, abgelesen werden.

Da der cubische Raum des Calorimeters bekannt ist, die Temperatur der Luft in demselben vor Aufsetzen des Apparates notirt wurde, da der Luftraum eine gemessene Grundfläche von regelmässiger Gestalt hat, so lässt sich aus der Beobachtung der Erwärmung des Luftraumes annähernd berechnen, wie gross die Wärmeabgabe von der geprüften gemessenen Hautstelle sei.

In einer ganzen Reihe exacteuter Versuche, die an symmetrischen Hautstellen, von denen die eine in gewisser Weise gereizt wurde, die andere normal blieb, mit beschriebenem Instrumente angestellt wurden, hat Winternitz den Einfluss der Circulation auf die Wärmeabgabe studirt und die Werthe in Zahlen ausgedrückt. Zu diesem Zwecke musste er versuchen die Circulation in irgend einem Körpertheile möglichst vollständig auszuschalten, das Blut aus dem Theile zu entfernen und nun bei einem und demselben Individuum von dem blutlosen Körpertheile und von einem symmetrischen mit intacter Circulation die gleichzeitige Wärmeabgabe zu prüfen. Nur auf diese Weise konnte es gelingen, den auf die Circulation und den Blutgehalt der Haut fallenden Antheil der Wärmeabgabe zu bestimmen.

Winternitz hat zu diesem Zwecke folgendes Verfahren eingeschlagen. Mit einer elastischen Binde wurde das Blut aus einer obern oder untern Extremität so gut als möglich nach Esmarch's Methode verdrängt, dann mit dem Esmarch'schen Schlauche der Blutzufluss gehemmt. Darauf wurde die elastische Binde wieder abgenommen und nur der Schlauch in seiner Lage belassen. Es zeigte sich nun eine grosse Differenz zwischen den beiden Extremitäten. Während die intacte ein normales Aussehen, normale Farbe, normale Circulationsverhältnisse, deutlich fühlbaren Puls und normale Temperatur darbot, hatte die andere Extremität ein blasses, geradezu cadaveröses Aussehen, sie schien weniger turgescent, war pulslos und kühl. Jetzt wurde mit den Calorimetern, die an die symmetrischen Stellen beider Extremitäten angelegt wurden, die gleichzeitige Wärmeabgabe von der circulationslosen und von der normalen Extremität geprüft.

Zeit in Minuten	Temperatur des Calorimeters über		Differenz der Temperatur zwischen rechts und links	Absolute Erwärmung des Calorimeters		Anmerkung
	circulationsloser Stelle rechts	normaler Stelle links		circulationslosen rechts	normale links	
2	21,0	21,5	0,5	0,6	1,1	
4	22,4	23,2	1,2	1,4	1,7	r. Wade etwas cyanotisch
6	23,2	24,1	1,2	0,9	1,2	
8	24,1	25,2	1,1	0,5	0,6	
10	24,5	25,9	1,2	0,7	0,5	
12	25,4	26,7	1,3	0,6	0,7	
14	25,5	27,2	1,4	0,4	0,5	
16	29,2	27,7	1,5	0,4	0,5	
18	26,5	27,9	1,4	0,4	0,2	
20	26,5	28,4	1,8	0,2	0,4	Hauttemperatur r. 35,9 L. 36,2

Die Erwärmung des 50 Ccm. haltenden Luftraums betrug demnach in 10 Minuten von der Wade mit beschränkter Circulation 4,4°, während gleichzeitig die Wade mit intactem Blutlauf einen gleich grossen Luftraum um 5,6° C. erwärmte.

Es scheint demnach in diesem Falle die Wärmeabgabe von einer gleich grossen Hautfläche auf der Seite, wo das Blut zuvor verdrängt worden und der Blutzufluss beschränkt war um etwa 23 Proc. gegen ein Hautstück mit normaler Circulation herabgesetzt. Von einer Hautfläche von 15 Qctm. werden demnach in 10 Minuten 50 Cctm. Luft und 1,2° C. weniger hoch erwärmt bei gehemmter als bei intacter Circulation.

Nehmen wir nun an, die gesammte Körperoberfläche eines 52 Kgrm. wiegenden Menschen sei in dem gleichen Grade blutlos geworden. Die ganze Oberfläche eines so schweren Individuums beträgt nach Valentin ungefähr 1,65 QmL. — 10,500 Qctm. oder 1100 mal 15 Qctm., also 1100 mal die Grundfläche des calorimetrischen Luftraums.

Bei einer Wärmecapacität der Luft von im Mittel 0,237 würden 1100 mal 50 Cctm. — 55 Liter Luft um 1,2° C. weniger hoch erwärmt werden als bei ungestörter Circulation.

Es werden demnach durch Verdrängung des Blutes aus der ganzen Haut in 10 Minuten an Wärme erspart werden 1,2 × 55 × 0,237 — 15,642 Calorien.

Man schätze die Wärmeproduction eines Menschen von mittlerem Gewichte auf 1,8 Calorien per Minute; somit producirt derselbe in 10 Minuten 18 Calorien. Durch Verdrängung des Blutes aus der ganzen Haut werden 86,9 Proc. der mittleren normaliter producirten Wärmemenge im Körper zurückgehalten werden durch Verkleinerung des Wärmeverlustes.

Nach den zahlreichen Versuchen, die Winternitz in dieser Weise angestellt hat, schwankt die Veränderung der Wärmeabgabe durch Blutverdrängung und Aufhebung der Circulation in einem Theile zwischen 10,5 und 25,6 Proc.

Ganz ähnlich waren die beobachteten Veränderungen in der Wärmeabgabe bei venöser Stase. — Zahlreiche Versuche zeigten, dass dadurch eine Herabsetzung des Wärmeverlustes um 18,5 bis um 46,9 Proc. gegen die Norm bewirkt werden könne. — Der Hauptgrund für die gefundenen Thatsachen liegt wohl darin, dass in Folge der Stase das an die Oberfläche gelangte Blut nicht durch warme, aus den inneren Organen an die Peripherie gelangende, immer erneuerte Blutwellen ersetzt werden kann.

Gewissermaassen als die Probe auf die Brauchbarkeit und Verlässlichkeit der Wärmeabgabebestimmung von der Haut dürfte es angesehen werden, wenn auch bei Erweiterung der Hautgefässe auf mechanische oder thermische Reize, wie a priori zu erwarten war, eine beträchtliche Vermehrung der Wärmeabgabe constatirt werden könnte.

Die Versuche bestätigten auf das Glänzendste diese Voraussetzung.

In einem Versuche wurde mit einer Kugelbüchse die Erweiterung der Hautgefässe hervorgerufen. Hier erwärmte die intacte Stelle den Luftraum in 10 Minuten um 5,9° C. Die Erwärmung des Luftraumes von der Seite mit nach dem mechanischen Reize erweiterten Gefässen betrug gleichzeitig 8,9° C. Also 30 Cetm. Luft wurden in diesem Falle um 3° C. höher erwärmt nach Erweiterung der Hautgefässe. Auf den ganzen Körper berechnet, wurde der Wärmeverlust in 10 Minuten um 39,1 Calorien vergrössert. Die Hauttemperatur an der frottirten Stelle betrug 36,1° C. an der normalen 35,5° C., die Wärmeabgabe von einer Hautstelle mit durch mechanischen Reiz erweiterten Gefässen ist hier um 50,53 Proc. vermehrt.

Weiter suchte Winternitz durch dieselbe Methode zu ergründen, welchen Einfluss thermische Einwirkungen auf die Wärmeabgabe der Haut äussern.

Thermische Einwirkungen, selbst blos locale, auf die Körperoberfläche angewendet bewirken durch Reflex und Beeinflussung der Gefässnerven Circulationsveränderungen auch in den nicht direkt von dem Kältereiz getroffenen Hautpartien. Es sind dieselben nicht gut zu verwerthen zur gleichzeitigen vergleichenden Bestimmung der Wärmeabgabe von symmetrischen Körperstellen. Er musste demnach die Versuche zur Lösung der Grösse der Wärmeabgabe nach durch thermischen Reiz bewirkter Contraction oder Erweiterung der Hautgefässe derart anstellen, dass zuerst mit einem Calorimeter die Grösse der Wärmeabgabe von einer bestimmten Hautstelle geprüft wurde. Unmittelbar darauf liess Winternitz die betreffende Einwirkung folgen. Schliesslich wurde mit einem zweiten Calorimeter, dessen Luftraum wie der erste im Beginne des Versuches temperirt war, die Wärmeabgabe von derselben Hautstelle geprüft.

Der Versuch war folgender:

Nach vorausgegangener längerer Ruhe 3 Stunden nach dem Mittagessen wurde das Calorimeter, dessen Luftraum bei 16° Zimmertemperatur 15° C. zeigte, unterhalb des rechten Ponpart'schen Bandes angelegt. Es wurde der in horizontaler Lage befindliche Körper soweit entblösst, als erforderlich war um das Instrument anzulegen und zu befestigen. Nachdem durch 10 Minuten die Erwärmung des calorimetrischen Luftraumes und nebst der Hauttemperatur notirt war, wurde das Calorimeter abgenommen.

Jetzt wurden Brust, Bauch und Oberschenkel entblösst, mit 12° Wasser benetzt und so lange Luft zugeführt, bis das der Haut anhaftende Wasser verdampft war und eine deutliche Gänsehaut sich zeigte. Nun wurde an dieselbe Stelle, wo früher das Calorimeter lag, ein zweites wie im Beginne des ersten Versuches temperirtes Instrument angelegt und abermals durch 10 Minuten die Wärmeabgabe von derselben Hautstelle beobachtet und nebst der am Ende des Experimentes gefundenen Hauttemperatur notirt.

Das Ergebniss des Versuches war folgendes:

Vor der Abkühlung wurde der calorimetrische Raum in 10 Minuten um 5,3° erwärmt; nach der Abkühlung bei noch bestehender Contraction der Haut betrug die Erwärmung des gleich grossen Raumes in der gleichen Zeit blos 3,7° C. Die Hauttemperatur war vor der Abkühlung 35,1° C., nach derselben zeigte das Schneckenthermometer blos 34,05° C.

Es war demnach in Folge der Abkühlung durch Contraction des Hautorgans und Abkühlung der Hautoberfläche die Wärmeabgabe von derselben Hautstelle um mehr als 35 Proc. beschränkt.

Wenn eine so mächtige Abkühlung und Contraction der Haut und der Hautgefässe die ganze Körperoberfläche betroffen hätte, so würden 55 Liter Luft in 10 Minuten um 4,6° C. weniger hoch erwärmt worden sein, als dies vor der Abkühlung der Fall war. Es würden also in 10 Minuten durch eine solche Hautcontraction an Wärme zurückgehalten werden müssen 4,6 . 55 . 0,237 = 59,98 Calorien.

Eine durch mechanische, chemische und thermische Reize be-

— 75 —

wirkte Erweiterung der Hautgefässe hatte eine Vermehrung der Wärmeabgabe von der Peripherie zur Folge. Diese konnte ein Plus bis nahe an 100 Proc. gegen die Norm zeigen.

Es drängt sich nun zunächst die Frage auf, welchen Einfluss eine solche Verminderung oder Vermehrung der Wärmeabgabe auf die Körpertemperatur haben konnte?

Nach den verlässlichsten Angaben beträgt die mittlere Wärmeabgabe von der ganzen Oberfläche eines Menschen von 62 Kgrm. 2002—2502 Calorien in 24 Stunden, das ist für die Stunde 83 bis 104 Calorien. Es könnten demnach bei einer Herabsetzung des Wärmeverlustes um 10,4—25,6 Proc., wie sie die mechanische Blutverdrängung bewirkt, in der Stunde 8,6—27,0 Calorien im Körper zurückgehalten werden.

Nach Abkühlung der Hautoberfläche betrug die procentische Verminderung der Wärmeabgabe 35,8—55,4 Proc., was einer Wärmeretention gegen die normale Abgabe von 29,7—59,8 Calorien entsprechen könnte.

Endlich sehen wir wie auf mechanische oder chemische Reize, welche die Hautgefässe zur Erweiterung bringen, eine Vermehrung der Wärmeabgabe um 18,7—92,4 Proc. eintreten. In ähnlicher Weise berechnet, würde dies eine Steigerung des Wärmeverlustes gegen die Norm bedeuten, die in der Stunde bis 99,79 Calorien betragen könnte.

Zur Erwärmung eines Körpers von 62 Kgrm. mit der approximativen Wärmecapacität von 0,83 um 1° C. ist eine Wärmemenge von 68,66 Calorien erforderlich.

Die Körpertemperatur könnte daher bei Verdrängung des Blutes aus der Haut in 2½ Stunden, nach Abkühlung der Oberfläche in weniger als 1¼ Stunden durch Wärmeretention um 1° C. zunehmen, oder in derselben Zeit eine Temperaturerniedrigung von 68 Calorien compensiren.

Bei Erweiterung der peripheren Gefässe könnte durch die Mehrabgabe von Wärme schon in ¾ Stunden die Körpertemperatur um einen Grad abnehmen, oder die Hautfunction vermöchte in dieser Zeit eine so grosse Temperatursteigerung des Körpers auszugleichen.

Wir haben absichtlich lange bei den Versuchen von Winternitz verweilt, weil sie uns zweifellos klar legen, wie wichtig für die Wärmeregulirung die Abgabe durch Wärmeausstrahlung der Haut ist, und weil sie uns einen wichtigen Aufschluss über das Verhalten der Eigenwärme geben, wenn diese Wärmeabgaben unterdrückt werden.

Winternitz konnte allerdings durch Beschränken der Blutcirculation der Haut die Wärmeabgabe der Haut nur bald mehr, bald weniger herabsetzen, doch geben uns trotzdem seine Zahlen einen Fingerzeig, wie die Eigenwärme sich wohl ändern muss, wenn die Wärmeabgabe durch Leitung und Strahlung von der Haut vollständig aufgehoben wird, wie wir dies während unserer Versuche sehen werden.

Diese Zahlen vorausgeschickt, wird es keinem Zweifel mehr unterliegen, dass die Temperaturconstanz durch Veränderung der Wärmeabgabe reichlich erhalten werden kann, wie ja auch Bergmann schon nachgewiesen hat, und nur nach ganz grossen Wärmeverlusten werden wir annehmen dürfen, dass die Wärmeproduction zum Ausgleiche sich vermehrt, wofür in solchem Falle die Vermehrung der Kohlensäureausscheidung spricht, und dass bei sehr starker Wärmezufuhr von aussen, wenn zugleich die Wärmeabgabe gehemmt wird, eine Verminderung der Production eintritt. Kernig.[1]) In wie weit wir aus unseren Versuchen auf eine solche Verminderung der Wärmeproduction schliessen dürfen, wollen wir später, bei Besprechung der Stoffwechselvorgänge berühren. —

Sehr wahrscheinlich steht die Regulation der Wärmeabgabe ganz direkt unter dem Einfluss der Nerven. Haben wir bereits bei der Besprechung der Circulation gezeigt, wie sensible Reize auf dem Reflexwege auf die Capillaren einwirken, so muss uns jetzt verständlich werden, wie durch Erweiterung oder Verengerung des Hautcapillargebietes die Wärmeabgabe vermehrt oder vermindert werden muss, und wie dadurch die Körpertemperatur in normalen Grenzen erhalten wird.

Die neuesten Arbeiten von Pflüger, Bernard u. A. m. haben den Einfluss der Nerven auf die Wärmeregulirung über

---

[1] Experimentelle Beiträge zur Kenntniss der Wärmeregulirung beim Menschen. Dorpat 1864.

allen Zweifel sicher gestellt. — Bernard geht so weit, dass er
ein Wärme regulirendes Centrum und nerf calorifique und frigo-
rifique annimmt, von denen die einen in den Cerebrospinalfasern,
die andern in denen des Sympathicus verlaufen, und durch deren
reflectorische Erregung vom Centrum aus nicht allein die Wärmeabgabe, sondern auch die Wärmeproduction beeinflusst wird.

Geben wir jetzt zu unseren Versuchen über.

Die Temperaturbestimmungen wurden in der Weise gemacht,
dass jeder der Experimentatoren zunächst auf dem Ruhebette im
Auskleideraume mit gut regulirten Krankenthermometern die Körpertemperatur bestimmte und zwar im Rectum, was uns die Innenwärme des Körpers gab, und in der Axilla, was uns die Wärme
der oberflächlich gelegenen Theile zeigte. Mit beiden Thermo-
metern begaben wir uns, als sie den normalhohen Stand erreicht
hatten, in den heissen Luft- resp. Dampfraum, und hier wurde
stets von 3 zu 3 Minuten eine Ablesung gemacht. — Die Zahlen
finden wir in den Curven zusammengestellt. — Leider mussten
während der Abkühlungsprocedur die Thermometer entfernt werden, so dass wir für diese 10 Minuten dauernde Zeit keine Messungen haben. Gleich nach dem Eintritt in den Ruheraum wurden
die Thermometer wieder eingelegt und nach 5 Minuten die Ablesung vorgenommen. Der Temperaturgang während der Abkühlungsprocedur ist construirt aus der letzten Messung vor und
der ersten nach dieser Zeit, und weil nicht direkt gemessen nur
punctirt eingezeichnet.

Wir beginnen mit dem Dampfbade, weil hier im Grunde
diese Verhältnisse etwas einfacher liegen. Die Wärmeabgabe durch
Lungen und Haut ist vollständig aufgehoben. Nicht allein kann
nach physikalischen Gesetzen der Körper durch die Haut an seine
wärmere Umgebung keine Wärme ausstrahlen, sondern auch die
Wärmeabgabe durch Verdunstung von Wasser durch Haut und
Lungen ist in einer mit Wasserdampf vollständig gesättigten Atmosphäre unmöglich.

Aus den Winternitz'schen Versuchen ergibt sich, wie eine
solche Verhinderung der Wärmeabgabe die Eigentemperatur zu
steigern im Stande ist — doch zeigen uns zugleich diese Zahlen,
dass selbst die vollständigste Wärmeretention nicht soviel Wärme

anstatt, dass dadurch ein Temperatursteigen, wie wir es in den Dampfbädern finden, zu erklären wäre. Auch zeigen uns die oben angeführten, nach Immermann's Formel für uns berechneten calorimetrischen Werthe, dass die Wärmeproduction von 25 Minuten, überhaupt bei Abschluss jeder Wärmeabgabe, nicht ausreichen kann, die Eigenwärme um circa 2° C. zu erheben.

Ein Blick auf die Curven giebt uns einen wichtigen Fingerzeig. Wir wollen die Curven vom I. Dampfbade für *F*. und *M*., da sie ja die Verhältnisse so klar zeigen, etwas eingehender betrachten. Die Axillatemperatur steht in beiden Curven beim Eintritt in den Dampfraum um 0,5 resp. 0,5° C. niederer als die des Rectums (vollständig entkleidet im Raume von 18—20° C. gemessen). Mit dem Eintritt in den Dampfraum beginnt die Axillatemperatur zu steigen, zuerst langsamer dann schneller, um, wie die Curve zeigt, bei *F*. nach 10 Minuten, bei *M*. nach 12 Minuten die Rectumtemperatur auf 37,8 resp. 37,7 zu erreichen und zu kreuzen; sie erreicht schon nach 25 Minuten Aufenthalt 39,6 resp. 39,3° C. Von dem Momente wo die Axillatemperatur die des Rectum erreicht hat, finden wir auch in der Rectumtemperatur ein schnelleres Ansteigen. Sie, die vorher in 10 Minuten nur von 37,7 auf 37,8 steigt, steigt in den folgenden 15 Minuten von 37,8 auf 38,9 bei *F*., bei *M*. zeigen sich ganz ähnliche Verhältnisse. Klar wird aus diesen wenigen Zahlen, dass von der Haut aus ganz direkt Wärme aufgenommen werden muss. Zwischen zwei sich berührenden verschieden temperirten Körpern findet ein Wärmeaustausch statt, der in seiner Grösse der Temperaturdifferenz entspricht. — Während unter normalen Verhältnissen die Haut nur Wärme abzugeben hat, sehen wir sie hier Wärme aufnehmen. Die Steigerung der Temperatur eines Körpers unter solchen Verhältnissen ist natürlich von seiner Grösse abhängig, und muss bei einem kleineren schneller vor sich gehen als bei einem grösseren, da ja bei ähnlicher Form die Oberfläche dem Quadrate der Masse proportional ist. Darnach wird es uns kaum wundern, wie bei *F*. die Eigenwärme weit schneller in gleicher Zeit steigt als bei *M*.

Doch den lebenden Organismus kann man nur in gewisser Weise mit einem todten Gegenstande vergleichen, denn er hat in der Circulation des Blutes ein sehr wichtiges Mittel die Wärme auf den ganzen Körper auszugleichen. — Während ein todter Gegenstand je nach seiner Wärmeleitungsfähigkeit auf der Oberfläche schneller oder langsamer die Temperatur des Mediums annimmt, in dem er sich befindet, sehen wir bei unseren Versuchen, dass offenbar durch gesteigerte Circulation begünstigt, der Körper die der Haut aufgenöthigte Wärme gleichmässig so viel als möglich nach innen abzuführen und zu vertheilen bemüht ist, und die Haut selbst dadurch vor Ueberhitzung schützt, die ohne Circulation die Temperatur des umgebenden Mediums nur zu bald annehmen müsste.

Ganz dieselben Verhältnisse, wie für die Haut angegeben, finden wir auch auf die Lungen einwirken. Auch hier ist nicht allein die Wärmeabgabe aufgehoben, sondern auch hier muss ganz direkt Wärme aufgenommen werden.

Ausser dieser direkten Wärmeaufnahme aus der umgebenden Luft bleibt noch ein Faktor übrig, der allerdings in seiner Grösse kaum annähernd bestimmt werden kann, aber doch von bedeutendem Einflusse sein muss. Wenn Wasserdampf sich zu Wassertropfen verdichtet, so wird Wärme frei, die zunächst von dem Körper zum grossen Theil aufgenommen wird, auf dem die Verdichtung stattfindet. Da der Dampfraum bei 45° C. mit Wasserdampf gesättigt ist, so muss auf jedem Gegenstande, der niederer temperirt ist, ein solcher Wärme freimachender Verdichtungsprocess stattfinden. Dies geschieht auch auf unserer Haut und in unseren Lungen. Gleich beim Eintritt in den Dampfraum bedeckt sich unsere ganze Haut mit unzähligen kleinen Wassertröpfchen, die kein Schweiss, sondern condensirter Wasserdampf sind und bei deren Bildung bedeutende Wärmemengen frei werden, die zunächst der Haut zuströmen.

Der einzige Weg, der unter diesen Verhältnissen dem Körper offen bleibt, seine Eigenwärme soviel als möglich der normalen nahe zu halten, ist bei dieser absoluten Sperre der Wärmeabgabe eine Verminderung der Wärmeproduction. Ob und in wie weit eine solche eingetreten während der Versuche, wollen wir aus der Analyse des Stoffwechsels zu eruiren suchen. Hier will ich nur vorausschicken, dass die bedeutende Vermehrung der Harnstoffausscheidung darauf hinzudeuten scheint, dass unter dem Einflusse der Bäder, wahrscheinlich um die Wärmeproduction zu reduciren, die Verbrennung des Gewebe- und Nahrungseiweisses schon auf früherer Stufe stehen bleibt und deshalb mehr Harnsäure gebildet und ausgeschieden wird.

Von geringerer Bedeutung ist folgendes Moment, doch sei er der Vollständigkeit halber angeführt. Die Gewichtsbestimmungen werden zeigen, dass während der Dampfbäder eine ziemlich reichliche Schweissabsonderung stattfindet. Dieser Schweiss kann allerdings in vollständig mit Wasserdampf gesättigter Atmosphäre nicht verdunsten und dem Körper dadurch Wärme entziehen, wie wir in den heissen Luftbädern sehen werden — wohl soll aber bei seiner Bildung Wärme gebunden werden dadurch, dass aus dem dickerflüssigen Blutserum der dünnerflüssige Schweiss entsteht; wie gross dieser Faktor ist, lässt sich nicht einmal annähernd bestimmen — doch scheint er Allem nach von keinem grossen Einflusse zu sein.

Nach all dem Gesagten müssen für den Gang der Temperatur im Dampfbade die verhinderte Wärmeabgabe und die direkte Wärmeaufnahme die massgebenden Faktoren sein. — Und wenn wir uns erinnern, dass nach calorimetrischen Berechnungen die gesammte Wärmeproduction bei ganz ausgeschlossener Wärmeabgabe die Eigenwärme in einer Stunde nur um 1,5° C. zu erheben im Stande ist, so muss bei unseren Temperatursteigerungen (in 25 Minuten um 2° C.) die direkte Wärmeaufnahme die Hauptrolle spielen. —

Damit ist es auch wirklich erklärlich, dass die ersten 10 Minuten, wo alle aufgenommene Wärme offenbar zur Erwärmung der Oberfläche verbraucht wird, die Rectaltemperatur nur um wenige Zehntel Grad steigt —, warum von diesem Zeitpunkte ab die Rectaltemperatur schnell steigt — warum nach 25 Minuten Aufenthalt die Oberflächentemperatur die Innentemperatur so beträchtlich überragt.

Wie ganz anders finden wir die Temperaturverhältnisse in den heissen Luftbädern. Es möchte auf den ersten Blick befremdend erscheinen, dass hier in viel höherer Temperatur der Luft der Körper nur sehr langsam in seiner Eigenwärme steigt, doch *ein Raisonnement erklärt die ganze Sachlage: — hier im heissen Luftraume ist dem Körper zur Erhaltung seiner Eigenwärme ein Weg offen geblieben — es ist dies die Verdunstung des Wassers.*

Dies geschieht auf zwei Weisen: 1. dadurch, dass von den Capillaren der Lungen und der Haut ständig Wasserdampf abgegeben wird, dessen Menge mit der steigenden Temperatur zunimmt, und 2. dadurch, dass der reichlich von den Schweissdrüsen secernirte Schweiss auf der Körperoberfläche verdunstet. — Die Wärmemenge die dabei verbraucht wird, und die weitaus zum grössten Theile dem Körper selbst entzogen wird, ist so gross, dass durch sie allein die Körpertemperatur normal erhalten wird, trotzdem die Wärmeabgabe durch Leitung und Strahlung nicht allein vollständig aufgehoben ist, sondern der Körper aus seiner hochtemperirten Umgebung noch ständig durch Leitung Wärme aufnehmen muss.

Wir wollen als Beispiel die Curven vom 2. heissen Luftbade von *F.* und *H.* kurz betrachten, weil sie uns meines Erachtens die Verhältnisse des Temperaturganges am deutlichsten zeigten.

Mit Anfangstemperaturen von 37,0 und 37,5 resp. 36,5 und 37,6 begeben wir uns in den trockenen heissen Luftraum von 50° C. Gleich beim Eintritt fällt die Axillatemperatur um mehrere Zehntelgrad, während die Rectumtemperatur gleich bleibt. — In dem heissen Luftraum verdunsten selbst die letzten Spuren von Wasser, die sich noch in der Achselhöhle befinden, und so wird wahrscheinlich durch Wärmeabgabe dieser Abfall bedingt; wie weit Contraction der Hautcapillaren auf thermischen Reiz hier mitwirkt, ist kaum zu bestimmen.

Von diesem vorübergehenden Abfalle der Oberflächentemperatur abgesehen, beobachten wir in beiden Curven ein ziemlich gleichmässiges Steigen derselben. Im Raume von 65° C. etwas schneller, wie im Raume von 50° C., bis die Temperatur des Körperinnern erreicht ist, was in den beiden Curven nach 40 Minuten eintritt (in anderen heissen Luftbädern trat dieser Moment um 10 Minuten früher ein, und dann stieg die Axillatemperatur noch einige Zehntel über die des Rectum). — Die Rectumtemperatur sehen wir in beiden Curven vollständig unverändert während 30 Minuten; erst nach dieser Zeit steigt sie um 0,4° respective 0,3° C.

Der Gang dieser Curven zeigt uns wie in einer Atmosphäre von 50—65° C., wenn sie nur trocken ist, der Körper nur durch Wasserverdunstung lange Zeit seine Innenwärme normal zu erhalten im Stande ist. — Wie im Dampfbade ist auch hier die Wärmeabgabe durch Strahlung und Leitung an die Umgebung aufgehoben; hier gerade wie dort muss der Körper von seiner Umgebung Wärme annehmen. Doch trotz der höheren Temperatur der Luft ist diese direkte Wärmeaufnahme wegen der weit kleineren Wärmecapacität und des weit kleineren Wärmeleitungsvermögens trockener Luft im Vergleiche mit Wasserdampf gesättigter geringer.

So mächtig auch die Wärmeabgabe durch Wasserverdunstung durch Haut und Lunge für die Erhaltung der normalen Eigenwärme sich in zahlreichen Versuchen gezeigt hat, so ist sie noch nicht im Stande, die im heissen Luftbade wirkenden Momente vollständig auszugleichen. Wenn wir auch in allen Beobachtungen über 30 Minuten lang die Rectumtemperatur gleich bleiben sehen, so finden wir doch in verschiedenen Curven schon nach 10 und 15 Minuten ein leichtes Ansteigen der Oberflächentemperatur, was direkt zeigt, dass die Verdunstung nicht ganz die Wärmeaufnahme durch die Haut ausgleichen kann, und dass immer ein kleines Plus zu Gunsten der Wärmeaufnahme übrig bleibt, was jedoch gross genug ist, die Temperatur der Axilla auf die Höhe der Rectumtemperatur zu erheben. Erst wenn die Oberfläche die Temperatur des Körperinnern erreicht hat, in Folge dessen also der Blutstrom keinen Weg zum Ausgleich seiner Temperatur mehr offen hat, beginnt auch die des Körperinnern zu steigen, und als Endresultat finden wir die Rectumtemperatur um einige Zehntelgrad höher als am Anfange, und die der Axilla in gleicher Höhe wie die im Rectum oder selbst wenige Zehntelgrade dieselbe übersteigend.

In wie weit im heissen Luftbade wir eine Verminderung der Wärmeproduction annehmen dürfen, wollen wir im folgenden Capitel erörtern.

Die grosse Differenz, die wir im Gange der Temperatur in den Dampfbädern und in den heissen Luftbädern gefunden haben, kann nach dem Gesagten im Wesentlichen sich nur auf ein Moment zurückführen lassen; es ist dies die Wasserabgabe von Seiten der Lungen und der Haut, die wir im Dampfbade unterdrückt, im heissen Luftbade dagegen in voller Thätigkeit finden. In beiden Bädern spielt die Haut als Wärme regulirendes Organ die grösste Rolle, und von ihr aus geht die Erwärmung des Körpers, von ihr aus die Abkühlung vor sich. In beiden Bädern muss die Haut aus der wärmeren Umgebung Wärme aufnehmen, die im Dampfbade, weil kein Weg zur Wärmeabgabe offen ist, mit dem Blutstrom sich dem ganzen Körper mittheilen muss und in Folge dessen hohes Steigen in der Oberflächentemperatur, weniger hohes im Körperinnern. Im heissen Luftbade wird durch Wasserverdunstung auf der Oberfläche (und in den Lungen) gleich wieder der grösste Theil der von der Haut aufgenommenen Wärme verbraucht, in Folge dessen sehr geringes Steigen der Temperatur des Körperinnern; die Oberflächentemperatur erreicht die des Körperinnern oder überragt sie nur um wenige Zehntel.

Nachdem im Körper in angegebener Weise die Temperatur gesteigert wurde, verlässt man die heissen Räume und begibt sich in den Frottirraum, 37° C. Die enorm erweiterten Gefässe der Haut und die ausgiebigen Respirationen zusammen werden jetzt eine gesteigerte Wärmeabgabe durch Haut und Lunge bedingen, die im kühlen Vollbade und unter der kalten Dusche am energischsten sich äussert. —

Ausser der Wasserverdunstung durch Haut und Lunge tritt jetzt der Wärmeverlust durch Leitung und Strahlung in seine vollen Rechte ein, der in seiner Grösse stets zunimmt, je niederer das umgebende Medium temperirt ist, und schliesslich im kühlen Vollbade und unter der kalten Dusche sein Maximum erreicht.

Der Höhe der Eigenwärme musste natürlich die Abkühlung in ihrer Intensität angepasst werden. Nach den heissen Luftbädern war ein Verweilen von circa 6—7 Minuten im Frottirraume, ein kühles Vollbad von 1 Minute und eine kalte Dusche von 10 Sekunden vollständig zur Abkühlung ausreichend, während nach den Dampfbädern das kühle Vollbad 2 Minuten und die kalte Douche 15 Sekunden lang genommen werden muss, um eine ausreichende Abkühlung zu erzielen. Curve IV. 3. Dann hat zeigt den Temperaturgang bei einer unvollständigen Abkühlung. —

Da die Wärmecapacität des Wassers 2500 mal grösser ist, als die der Luft, ist es erklärlich wie selbst eine kurz dauernde Einwirkung kühlen und kalten Wassers die Temperatur so beträchtlich herabsetzen muss. Dem entsprechend sehen wir auch zur 10 Minuten dauernder Abkühlung nach beiden Badeformen einen so grossen Abfall der Temperatur. Die Hauttemperatur ist um viele Zehntel gegen die Anfangstemperatur, bis gegen 36° C. gefallen, während die im Rectum meistens sich noch über der Norm bewegt.

Es kann uns dies auch nur natürlich scheinen, da ja der Hauptwärmeverlust durch die Haut stattfindet und die angewendete Kälte ihrerseits die Capillaren zusammenzog, das wärmere Blut nach innen drängte und dadurch den Ausgleich zwischen Innen- und Oberflächentemperatur verlangsamte. —

Erst wenn der die Gefässe contrahirende Einfluss der Kälte nachlässt, werden sich die Blutbahnen der Haut wieder beträchtlich erweitern, das nach innen gestaute Blut wird der Peripherie zufliessen, hier durch Wärmeabgabe an die oberflächlichen Theile kühler werden und dadurch zugleich die Oberfläche wieder erwärmen und die inneren Theile abkühlen, wie wir dies im Temperaturgange während des Ausruhens finden.

Wunderbar ist die Mechanik der Wärmeregulation eingerichtet. Nachdem wir uns durch heisse Luft oder Wasserdampf die Eigentemperatur um 2 Grade erhöht, dann im kalten Bade die Oberfläche bis auf 36° abgekühlt, sehen wir nach 20 Minuten Ruhe schon die Temperaturverhältnisse in die normalen Rahmen zurückgekehrt. —

Mit diesen unseren Beobachtungen über den Gang der Temperatur im heissen Luftbade und Dampfbade stimmen die Angaben der meisten Beobachter. Wenn von verschiedenen Forschern angegeben wird, dass im heissen Luftbade absolut kein Steigen beobachtet werde, so ist dies leicht daraus erklärlich, dass die Beobachtungen zu früh abgebrochen wurden. Hätten wir uns

30 Minuten den heissen Luftraum verlassen, so müssten wir auch aus unseren Versuchen den Schluss ziehen, dass die Rectumtemperatur unverändert bleibt, denn so lange hielt sie sich auf gleicher normaler Höhe. Wenn auch genaue Beobachtung der Axillartemperatur zeigte, dass die Wärmeabgabe durch die Haut nicht genau der Aufnahme entspricht, und dass ein stündiges Steigen der Oberflächentemperatur in Folge dessen bemerkbar war. — So lange die Oberfläche niederer temperirt war als das Körperinnere, war natürlich an ein Steigen der Rectumtemperatur nicht zu denken, da ja stets die noch kühlere Oberfläche Gelegenheit zum Wärmeausgleich geben musste. —

So viel scheint uns aus unsern 6 Beobachtungen der heissen Luftbäder deutlich hervorzugehen, dass wenn man lange genug in einem Raume von 50 und 65° C., verweilt, *die vermehrte Wärmeabgabe durch die Wasserverdunstung nicht im Stande ist eine Temperatursteigerung des Körpers durch Unterdrückung der Wärmeabgabe, durch Leitung und Strahlung und direkte Wärmeaufnahme aus der heissen Luft zu verhindern, und dass wir schliesslich im heissen Luftbade Temperaturerhöhungen finden müssen, die mit dem Aufenthalte zunehmen, im Ganzen jedoch stets den Körper im Innern wie an der Oberfläche gleichmässig erwärmen werden.*

Ueber den Einfluss der Dampfbäder auf die Temperatur sind die Ansichten einig. Alle Experimentatoren fanden beim Aufenthalte im Dampfraume ein constantes Steigen der Eigenwärme, und zwar schneller in den oberflächlichen Theilen, langsamer im Innern des Körpers.

Kostjurin fand im Mittel aus 23 Beobachtungen

Vor dem Bade . . . In der Axilla 37,23   Im Rectum 37,63
In der Waschstube . „ „ „ 38,02   „ „ 38,03
Auf der Britsche . „ „ „ 38,28   „ „ 38,91
Nach dem Bade . . „ „ „ 37,45   „ „ 37,96.

Im Gang der Temperatursteigerung finden wir hier mit unseren Versuchen die vollste Uebereinstimmung, nur die Temperaturen nach dem Bade sind bei Kostjurin in Axilla sowohl wie im Rectum höher als vor Beginn des Bades, ein Umstand der auf ungenügender Abkühlung zu beruhen scheint. Vergleichen wir damit Curve *II.* 3. Dampfbad, so finden wir ganz analoge Verhältnisse, dadurch hervorgerufen dass *H.* nicht lange genug im kühlen Vollbade (nur circa 1 Minute) verweilte und dadurch nur eine Abkühlung der Oberfläche erreichte. Erst einige Zeit nach der Abkühlung sehen wir einen Ausgleich eintreten und zwar so, dass Rectumtemperatur sich erniedrigt, Oberflächentemperatur dagegen über die Anfangshöhe steigt; und nach noch 20 Minuten Ruhe finden wir die Rectumtemperatur 0,2° C., die Axillatemperatur 0,2° C. höher als vor dem Bade.

Zusammenfassend dürfen wir wohl sagen, dass *durch die fast gänzlich aufgehobene Wärmeabgabe und die direkte Wärmeaufnahme im Dampfbade ein rapides Steigen der Eigenwärme stattfindet, bedeutend schneller an der Oberfläche als im Körperinnern, und dass der Höhe der Temperatursteigerung entsprechend die Abkühlungsprocedur (um die Temperatur auf die Norm zurückzuführen) weit energischer sein muss als bei den heissen Luftbädern.*

Stoffwechsel.

Gang der Analyse.

Mit der Betrachtung der Stoffwechselvorgänge während der heissen Luft- und Dampfbäder beginnen wir den Theil unserer Arbeit, der nicht allein praktisch von der grössten Bedeutung ist, sondern auch theoretisch uns Gesichtspunkte eröffnet, von wichtiger Tragweite für die Beurtheilung im inneren Haushalte des Organismus.

Meines Wissens waren wir die Ersten, die es unternommen haben bei stets gleichbleibender Diät — einer Diät, die nach Versuchen sich geeignet zeigte das Gleichgewicht im Stoffwechsel zu erhalten — den Einfluss von heissen Luftbädern und Dampfbädern auf die Stoffwechselvorgänge an sich selbst zu studiren und die Veränderungen zu zeigen, die die verschiedenen Sekrete unter dem Einflusse genannter Bäder erfahren. Unser Hauptaugenmerk war in dieser Richtung den Vorgängen der Urinausscheidung zugewendet, und wenn wir auch keine getrennten Bestimmungen des Urins, der vor, während und nach den Bädern ausgeschieden wurde, machten, sondern nur die gesammten Tagesmengen jeweils bestimmten und analysirten, so sind doch die Unterschiede der

Befunde so markirt, dass wir aus der gefundenen Menge und Zusammensetzung des Urins sichere Schlüsse auf die Abänderung des Stoffwechsels unter dem Einflusse der Bäder machen können. Kostjurin hat bei seinen Untersuchungen die Bestimmung des Urins von kürzeren Zeitabschnitten gemacht; er bestimmte die Menge und Zusammensetzung des Sekrets von 4 Stunden vor und 4 Stunden nach dem Dampfbade. Wie seine Resultate die unseren harmonisch ergänzen, werden wir im Verlaufe sehen.

Neben den Veränderungen des Sekrets der Nieren ist wohl die Schweissabsonderung am intensivsten während den Bädern alterirt; die letztere wird auf Kosten der ersteren vermehrt, und wir werden finden, wie durch einen verhältnissmässig kurzen Aufenthalt im Bade, durch vermehrte Wasserabfuhr durch die Haut, die Wasserabfuhr durch die Nieren um ⅓ vermindert werden kann.

Sassezki und Tumas machten Versuche über den Einfluss der Dampfbäder auf die Bildung des Magensaftes, auf die Ausscheidung des Speichels und fanden auch darin wichtige Veränderungen. Zu vermuthen ist aus der Vermehrung des Nahrungsbedürfnisses, dass auch in Leber- und Pankreassecretion wichtige Veränderungen während der Bäder statthaben; es ist auch nicht anders denkbar — ist doch das Sekret jeder Drüse vom Blutdruck und der Menge der Blutzufuhr abhängig, und haben wir doch bereits gezeigt, wie mächtig die Blutcirculation während den Bädern geändert ist. —

Kurz können wir sagen, dass durch heisse Luftbäder und Dampfbäder der Stoffwechsel in allen seinen Phasen tiefgreifende Veränderungen erleidet, die nicht allein während des Aufenthaltes im Bade und kurz nach demselben sich zeigen, sondern über mehrere Tage sich verfolgen lassen.

Wir beginnen mit den Veränderungen in der Urinausscheidung.

Urinanalysen.

Der Urin wurde während der ganzen Versuchszeit regelmässig von 3 zu 3 Stunden gelassen und um 12 Uhr Mittags[1]) die Menge

---

[1]) An den Tagen, an denen nicht gebadet wurde, wurde gleich darnach die Analyse des Harnstoffs und der Harnsäure vorgenommen. An den Bade-

und das specifische Gewicht bestimmt; darauf wurde der Säuregrad bestimmt, ob und zu auf Albumen geprüft und darauf noch der Methode von Liebig der Harnstoff titrirt.

Die angewendeten Lösungen wurden aus dem Laboratorium des Herrn Professor Fresenius in Wiesbaden bezogen, die Analysen stets genau bis zur selben Farbenreaction fortgesetzt. Die Fehlerquellen, die man dieser Titrirmethode vorwirft, fallen für unsere Versuche ausser Rechnung, da es uns ja hauptsächlich nur darauf ankam, mit derselben Methode eine Vermehrung oder Verminderung der Harnstoffmenge nachzuweisen und nicht die absoluten Mengen mit physiologischer Genauigkeit festzustellen.

Zur Bestimmung der Harnsäuremenge wurde aus dem Gesammturine 200 Cctm. abgemessen und im Becherglase mit 5 Grm. reiner Salzsäure versetzt und das Ganze wohl bedeckt 24 Stunden lang in einer Temperatur von 5—8 Grad stehen gelassen. Dabei setzte sich die Harnsäure in Krystallen ab. Dieselbe wird vorsichtig auf ein im Trockenofen bei 100 Grad getrocknetes und darnach genau gewogenes Filter von 4 Ctm. Radius gebracht, mit möglichst wenig Wasser (circa 30 Cctm.) ausgewaschen, bis das Filtrat, mit Argentum nitricum-Lösung geprüft, keine Chlorwasserstoffsäure mehr entdecken lässt. Jetzt wird das Filter mit sammt seinem Inhalte in den Trockenofen zurückgebracht und vollständig getrocknet, und darnach gewogen. Die Differenz der beiden Wägungen gibt die in 200 Cctm. Urin enthaltene Menge Harnsäure, und durch 2 getheilt den Procentsatz der Harnsäure. Da auch hier die Bestimmungen stets genau nach derselben Methode gemacht wurden und es uns nur darauf ankam die Aenderungen der Menge festzustellen, so leiden unsere Resultate wenig von den Aussetzungen, die man an dieser Untersuchungsmethode macht. Im Uebrigen sind auch die Resultate so frappant, dass trotz der möglichen Fehlerquellen wir daraus mit grösster Sicherheit unsere Schlüsse ziehen dürfen. —

_{tagen erfolgten die Harnstoffbestimmungen erst um 3 Uhr Mittags, die der Harnsäure des Abends. Bei dem kalten Wetter war an ein Zersetzen des Urins in 3 Stunden nicht zu denken; — ich schicke dies sogleich voraus, weil man den Einwand machen könnte, dass vielleicht die Verminderung des Harnstoffs an den guten Badetagen auf Zersetzung des Urins beruhe.}

Urinausscheidung.

		Urinmenge		Specifisches Gewicht	Harnstoff-Menge			Harnsäure-Menge		
		in Gramm	auf 1 Kg. Körpergewicht		im Ganzen	auf 1 Kg. Körpergewicht	pro Cent	im Ganzen	auf 1 Kg. Körpergewicht	pro Cent
1. Normaltag	F	1600	24,2	1019,0	46,40	0,703	2,90	0,590	0,009	0,036
	H	1550	17,6	1023,0	54,25	0,616	3,50	0,720	0,008	0,047
2. Normaltag	F	1400	21,1	1020,0	44,10	0,668	3,15	0,428	0,009	0,044
	H	1500	17,0	1020,0	57,50	0,611	3,60	0,900	0,010	0,060
3. Normaltag	F	1700	25,7	1017,5	45,90	0,695	2,70	0,680	0,010	0,040
	H	1840	20,4	1022,5	57,60	0,645	3,20	0,918	0,010	0,051
Mittelwerthe	F	1567	23,7	1018,8	45,47	0,689	2,91	0,833	0,009	0,040
	H	1615	19,3	1022,0	55,28	0,625	3,55	0,847	0,009	0,052
1. heisses Luftbad	F	950	14,5	1027,0	39,90	0,604	4,10	0,856	0,013	0,090
	H	1150	13,1	1026,0	46,00	0,522	4,00	1,552	0,018	0,135
2. heisses Luftbad	F	1050	16,0	1026,5	45,30	0,732	4,60	1,260	0,019	0,120
	H	1250	13,6	1027,0	58,75	0,640	4,50	1,540	0,018	0,123
3. heisses Luftbad	F	1050	16,0	1027,6	49,35	0,748	4,70	1,662	0,025	0,158
	H	1350	15,5	1026,0	63,15	0,720	4,70	1,520	0,017	0,112
Mittelwerthe	F	1017	15,5	1026,6	45,85	0,694	4,50	1,137	0,019	0,124
	H	1250	13,9	1026,3	55,23	0,627	4,40	1,537	0,018	0,122
4. Normaltag	F	1700	25,9	1021,0	61,20	0,877	3,60	0,980	0,014	0,052
	H	1650	18,8	1021,5	62,70	0,712	3,80	0,940	0,011	0,057
5. Normaltag	F	1700	25,9	1020,0	49,38	0,747	2,90	0,892	0,014	0,052
	H	1650	18,8	1019,0	61,05	0,694	3,70	0,935	0,011	0,057
6. Normaltag	F	1650	25,1	1018,0	44,55	0,675	3,70	0,763	0,012	0,047
	H	1700	19,3	1018,0	57,50	0,657	3,40	0,692	0,010	0,052
Mittelwerthe	F	1683	25,5	1021,0	52,66	0,763	3,40	0,878	0,013	0,051
	H	1566	19,0	1021,0	60,51	0,684	3,63	0,822	0,011	0,055

		in Gramm	auf 1 Kgr. Körper gewicht	Spezifisches Gewicht	Harnstoff-Menge			Harnsäure-Menge		
					im Gramm	auf 1 Kg Körpergewicht	pro Cent	im Gramm	auf 1 Kg Körpergewicht	pro Cent
1. Dampfbad	F	900	13,5	1027,0	34,70	0,556	4,30	0,940	0,015	0,109
	H	1300	11,9	1026,0	34,50	0,665	4,50	1,310	0,015	0,101
2. Dampfbad	F	1150	17,6	1026,5	51,75	0,781	4,50	1,700	0,026	0,149
	H	1350	15,1	1026,0	60,75	0,698	4,50	1,550	0,015	0,115
3. Dampfbad	F	1200	15,3	1025,0	54,80	0,690	4,90	1,550	0,025	0,156
	H	1400	16,0	1025,0	65,50	0,744	4,70	1,725	0,020	0,123
Mittelwerthe	F	1043	16,6	1026,1	49,75	0,733	4,57	1,520	0,023	0,140
	H	1350	15,1	1025,7	61,65	0,701	4,57	1,525	0,017	0,113
7. Normaltag	F	1650	25,2	1021,0	57,75	0,875	3,50	0,910	0,014	0,055
	H	1700	19,1	1021,5	65,45	0,741	3,55	1,010	0,011	0,059
4. Normaltag	F	1630	24,9	1020,0	52,16	0,790	3,20	0,900	0,012	0,041
	H	1700	19,4	1017,0	61,20	0,695	3,60	0,950	0,011	0,058
Mittelwerthe	F	1640	25,0	1022,0	54,95	0,832	3,35	0,935	0,013	0,050
	H	1700	19,1	1020,6	63,32	0,719	3,72	0,980	0,011	0,059

In vorstehender Tabelle haben wir die Resultate unserer Urinanalysen zusammengestellt. Der Uebersichtlichkeit halber haben wir den Gang der Wasserausscheidung, des specifischen Gewichtes, den Harnstoff und Harnsäuremenge noch in Curven dargestellt. Die schwarz gezeichnete Curve bedeutet stets die Gesammtmenge, die rothgezeichnete die Menge auf 1 Kilogramm Körpergewicht berechnet; die mit a bezeichneten Linien stellen die Mittelwerthe dar, berechnet aus den drei ersten Normaltagen.

Da unsere Nahrungsaufnahme, die ich hier der Einfachheit halber kurz nochmals anführen will

F. nahm pro die 2502 Grm. Wasser
      139 „ Albumensubstanz
      23 „ stickstofffreie Substanz
      27,6 „ Salze

H. nahm pro die 2862 Grm. Wasser
160 „ Albumensubstanz
170 „ stickstofffreie Substanz
31 „ Salze

stets die gleiche blieb, in unserer Beschäftigungsweise nichts geändert wurde, und erst nach tagelangen Versuchen, als die Urinausscheidung nur noch ganz kleine Schwankungen erkennen liess, die Hauptversuche begannen, so können wir wohl mit grösster Sicherheit annehmen, dass das Mittel der in den ersten drei Tagen gemachten Urinanalysen der normalen Ausscheidung durch die Nieren bei genannter Diät und Beschäftigung sehr nahe kommt.

Wir fanden im Mittel, aus den ersten drei Versuchstagen, dass *F*. täglich ausschied

1567 Cctm. Urin mit
45,03 Grm. Harnstoff und
0,645 Grm. Harnsäure.

und *H*. 1615 Cctm. Urin mit
61,73 Grm. Harnstoff und
0,849 Grm. Harnsäure.

Wenn wir von der Kohlensäure-, Stickstoff- und Wasserabgabe durch die Lungen und die Haut vorläufig noch absehen, so müssen wir in diesen Zahlen die normalen Endprodukte der Verbrennung genannter Nahrungsmittel finden.

Wie diese drei Faktoren, Wasser, Harnstoff und Harnsäure im Verlaufe unserer Versuche sich ändern, worauf diese Aenderungen zu beziehen sein dürften, und welche Schlüsse uns daraus gestattet sind, sei der Gegenstand folgender Zeilen.

Wir betrachten zunächst die Veränderungen in der

Urinmenge.

Nach den Resultaten der drei ersten Normaltage entspricht
für *F*. 1567 Cctm. Urinmenge einer
Wasseraufnahme von 2502 Grm.
für *H*. 1615 Cctm. Urinmenge einer
solchen von 2862 Grm.

Da bei vollständig gleichbleibendem Körpergewichte und ohne jede Aenderung in Stuhlentleerung während 3 Beobachtungstagen von *F.* 1000 Grm., von *H.* 1200 Grm. Wasser mehr aufgenommen wurde, als wir im Urine wieder finden, so müssen wir in diesen 1000 resp. 1200 Grm. die Grösse der normalen Wasserabgabe durch Haut und Lunge für uns erkennen. Diese Zahlen sind natürlich etwas zu nieder gegriffen, denn sie sind lediglich aus dem Raisonnement hervorgegangen, dass bei gleichbleibendem Körpergewichte die Wassermenge, die durch die Nieren nicht ausgeschieden wird, auf anderem Wege den Körper verlassen muss, ohne darauf Rücksicht zu nehmen, dass bei der Verbrennung der Kohlenhydrate und Albuminate der Nahrung noch Wasser gebildet wird — ein Faktor, den wir hier gerne unberücksichtigt lassen, da er ja in seiner Grösse noch lange nicht so bestimmt ist, dass wir ihn in unsere Rechnung einführen könnten.

Wir hatten also in runden Zahlen den Kreislauf des Wassers folgendermassen auszudrücken:

	Aufnahme	Abgabe durch Nieren	Abgabe durch Haut und Lunge
F.	2560	1570	990
H.	2560	1620	1240

Die Wasserausscheidung durch den Stuhl lassen wir hier ausser Acht, weil sie nicht allein sehr gering ist, sondern auch während unserer Versuche keinerlei Aenderung zeigte.

Da wir bereits früher den Einfluss des thermischen Reizes und der Wärmezufuhr auf die Blutvertheilung gezeigt, so glaube ich hier alle Speculationen über Innervation übergehen und mich kurz fassen zu dürfen, wenn ich sage, dass im heissen Luftbade und im Dampfbade die Gefässbahnen der Haut ganz enorm erweitert werden, wodurch in Blutvertheilung und Blutdruck bedeutende Aenderungen eintreten. Da die Secretion der Organe von der Menge und dem Drucke des zuströmenden Blutes abhängt, muss dadurch in genannten Bädern Vermehrung der Hautausscheidung und Verminderung der Nierenausscheidung entstehen.

Während des heissen Luftbades nimmt die Tagesmenge des Urins ab; sie sinkt im Mittel bei

bei *F.* auf 1017 Cctm. also um 550 Grm. pro die,
bei *H.* auf 1250 Cctm. also um 360 Grm. pro die

gegen das Mittel der Normaltage.

Die Beobachtung des Körpergewichts an diesen 3 Tagen, an denen heisse Luftbäder genommen wurden, zeigen, dass im Mittel der Gewichtsverlust im Bade für *F*. 760 Grm., für *H*. 630 Grm. betrug. Da kein Grund vorliegt eine bedeutende Vermehrung der Kohlensäureabgabe während des Bades anzunehmen, so wird die Annahme berechtigt sein, dass dieser Gewichtsverlust die Grösse der Wasserabgabe durch Haut und Lungen direkt ausdrückt.

Aus diesen Zahlen geht deutlich hervor, dass die Vermehrung der Wasserabgabe durch Haut und Lunge, während einer Stunde im heissen Luftraume erzeugt, ausreicht, den Nieren für die Wasserausscheidung des ganzen Tages ihre Arbeit um circa $1/3$ zu erleichtern, ferner, da die Mehrabgabe des Wassers durch Haut und Lungen offenbar die Verminderung der Abgabe durch die Nieren weit übertrifft, ist der Schluss gerechtfertigt, dass durch die heissen Luftbäder eine bedeutende Vermehrung des Wasserkreislaufes angeregt wird.

Vergleichen wir die Wasserausscheidung durch die Nieren der einzelnen Bädertage untereinander, so finden wir die Urinausscheidung nach dem ersten heissen Luftbade am meisten vermindert, weniger stark nach dem zweiten, am wenigsten nach dem dritten (*F*. 950, 1050, 1050 und *H*. 1150, 1250, 1350 Grm. an den 3 Badetagen) und umgekehrt verhält sich die Gewichtsabnahme während des Bades, die im ersten heissen Luftbade am bedeutendsten ist, am zweiten weniger, am dritten am geringsten (*F*. 960, 660, 650, *H*. 740, 650, 550 Grm. Gewichtsverlust während der drei heissen Luftbäder). Dass dies Steigen in der Urinmenge von einem Badetag zum andern mit dem Geringerwerden des Gewichtsverlustes in causalem Zusammenhang steht, ist ausser Zweifel und erklärt sich einfach daraus, dass von einem Badetag zum andern die Schweisssekretion abnimmt. Ob wir für diese Abnahme die Gewohnheit an die höhere Temperatur oder eine Umänderung in der Blutbeschaffenheit durch Wasserverlust verantwortlich machen sollen, wird vorläufig noch eine offene Frage bleiben.

In der 3. Periode, also in den drei Versuchstagen, die den heissen Luftbädern folgen, finden wir die Urinmenge beträchtlich vermehrt; nicht allein vermehrt im Vergleiche zur Menge der unmittelbar vorhergehenden Tage, sondern auch zu der der drei ersten Normaltage.

Im Mittel wurde an diesen Tagen ausgeschieden
von *F*. 1853 Cctm. pro die
von *H*. 1666 Cctm. pro die.

Die Vermehrung gegen die Tage der heissen Luftbäder ist selbstverständlich — fällt doch hier die vermehrte Wasserabgabe durch Haut und Lungen hinweg.

Schwer ist die Vermehrung der Urinausscheidung gegen die der 1. Periode zu erklären, da ja unser Körper anscheinend genau in dieselben Verhältnisse wie in der ersten Periode zurückgekehrt zu sein scheint und selbst an diesen Tagen noch im Körpergewichte zunimmt. Zufällig kann diese Vermehrung der Wasserabgabe durch die Nieren, die circa 2 Grm. pro die auf ein Kilogramm Körpergewicht beträgt nicht sein.

Wahrscheinlich ist der Grund dazu in einem durch die Bäder angeregten, sich über mehrere Tage noch forterstreckenden Contractionszustande der Hautcapillaren zu suchen, die dann vicarirend eine vermehrte Urinausscheidung bedingen müssen (Schutz gegen Erkältungskrankheiten), oder es beruht diese vermehrte Wasserabgabe in dieser Periode auf einer durch die Bäder angeregten Beschleunigung des Stoffwechsels, die sich noch über mehrere Tage hinaus geltend macht. — Für beide Ansichten liessen sich Gründe ins Feld führen. Bei Besprechung der Harnstoffausscheidung nach der Bartels'schen Retentionstheorie werden wir nochmals auf diese Verhältnisse zurückkommen müssen, denn immerhin bleibt die Möglichkeit offen, dass der Körper die während der Bäder retentirten Harnstoffmengen durch vermehrte Nierenthätigkeit in den folgenden Tagen auszuscheiden bemüht ist. —

In der 4. Periode (an den Tagen der Dampfbäder) finden wir die Verhältnisse in der Wasserausscheidung denen der 2. Periode entsprechend. Die Ausscheidung durch die Nieren hat wieder abgenommen: *F*. scheidet im Mittel 1043 Cctm.

H. scheidet im Mittel 1350 Cctm. pro die aus. Diese Werthe stehen in direktem Verhältnisse zu dem geringen Wasserverluste während der Bäder, der für *F.* nur 580, für *H.* nur 492 Grm. im Mittel beträgt, wovon später die Rede sein wird.

Diese Zahlen zeigen, dass auch in den Dampfbädern die Wasserabgabe durch die Nieren vermindert und der Kreislauf des Wassers beschleunigt wird, doch bei weitem nicht in dem Grade, wie wir es für die heissen Luftbäder gefunden haben.

Auch hier beobachten wir wieder, dass im ersten Dampfbade der grösste Gewichtsverlust, mithin auch die stärkste Wasserabgabe durch die Haut stattfand, und dass sich dieselbe bei den folgenden Bädern vermindert, während vicarirend die Nierensekretion am Tage des ersten Dampfbades am geringsten war und von Tag zu Tag zunahm.

In der 5. Periode finden wir Verhältnisse genau wie in der 3., eine Vermehrung der Wasserausscheidung durch die Nieren im Vergleiche zur 1. Periode.

Diese Beobachtungen über Verminderung der Harnmenge an Badetagen stimmen mit denen, die bereits bekannt sind. Kostjurin fand im Mittel aus zahlreichen Versuchen nach Dampfbädern für die Tagesmenge eine Verminderung eintreten von

2035 Ccm. an gewöhnlichen Tagen auf

1771 Ccm. an Badetagen.

Seine Urinverminderungen sind weniger gross, weil genannter Forscher nach Durst Wasser trinken liess; deshalb stehen auch seine Versuche über die vicarirende Thätigkeit von Haut-, Lungen- und Nierenausscheidung an Reinheit weit hinter den unserigen zurück.

Einer Beobachtung von Kostjurin sei hier noch Erwähnung gethan, nämlich der Aenderung in der Urinmenge, die unmittelbar nach dem Bade eintritt. Zu diesem Zwecke sammelte er die Urinmenge von 4 Stunden vor dem Bade und die von 4 Stunden nach dem Bade und fand dass im Mittel aus 10 Beobachtungen die Urinmenge der 4 Stunden vor dem Bade 614 Ccm. betrug, die Urinmenge der 4 Stunden nach dem Bade im Mittel aus 18 Beobachtungen 577 Ccm. betrug. Im Vergleiche mit den Zahlen, welche die Urinausscheidungsverhältnisse an Badetagen und freien Tagen (1774 und 2055) für den ganzen Tag geben, sind die aus vierstündigen Zeitabschnitten berechneten Mittelwerthe von 577 und 614 Cctm. nach und vor dem Bade insofern interessant, da sie uns zeigen, dass unmittelbar nach dem Bade die Urinverminderung geringer ist als an dem Reste des Beobachtungstages. — Theoretisch sind diese Werthe von sehr grossem Belange, da sie uns zeigen, wie falsch die Annahme wäre, dass gleich in der nächsten Zeit nach dem Bade durch bedeutende Verminderung der Urinausscheidung der vermehrte Wasserverlust durch Haut und Lunge während des Bades wieder gedeckt würde. Vielmehr zeigen sie uns wie der Körper, wenn er durch Haut und Lungen viel Wasser abgegeben, mit dem durch die Nieren auszuscheidenden gut haushaltet, da er ja mit diesem die wichtigsten Endprodukte der Verbrennung (und zwar einer durch Badeprocedur beschleunigten) entfernen muss: es wird daher erklärlich wie desshalb ein Wasserverlust sich nicht jähe durch bedeutende Verminderung der Urinausscheidung in den nächsten Stunden ausgleichen kann, denn dadurch müsste Harnstoff und Harnsäure in grosser Menge für die erste Zeit retentirt werden.

Das specifische Gewicht,

das im Mittel in den drei ersten Normaltagen für F. 1019,9, für H. 1022,2 war, zeigt während der Versuche Schwankungen, die denen der Urinmenge entgegengesetzt sind. Wenn Urinmenge sinkt, steigt nämlich das specifische Gewicht desselben, wie es ja a priori zu erwarten war.

Während der Tage, an denen heisse Luftbäder genommen wurden und die Urinausscheidung am meisten reducirt war, mussten wir dem entsprechend das höchste specifische Gewicht finden, und in der That sehen wir hier im Mittel bei F. 1026,5, bei H. 1026,7.

In den Tagen nach den heissen Luftbädern, in denen, wie oben bemerkt, wir die grosse Urinausscheidung finden, sollten wir ein niedereres specifisches Gewicht erwarten als an den ersten drei Tagen. Dem ist jedoch nicht so; vielmehr ist an diesen Tagen ein Mittel von 1021 für F. und H. berechnet, und wenn wir die einzelnen Zahlen näher betrachten, finden wir von einem

Tage zum andern ein ständiges Sinken des specifischen Gewichts
1024, 1020, 1016 für *F*.
1024,5, 1019, 1019 für *H*.
Offenbar stehen diese Zahlen mit der Harnstoffausscheidung in direktem Zusammenhang, die für diese Tage
3,60, 2,90, 2,70 Proc. für *F*.
und 3,50, 3,70, 3,40 Proc. für *H*. beträgt.
Bei Besprechung der Harnstoffausscheidung werden wir näher darauf eingehen (Bartels' Retention).

An den Tagen der Dampfbäder ist, wie bereits erwähnt, die Urinmenge wieder vermindert, doch nicht so bedeutend wie während der heissen Luftbäder, desshalb werden wir an diesen Tagen ein Steigen des specifischen Gewichtes finden müssen, was jedoch nicht ganz die Höhe erreicht wie in der 2. Periode. Wir finden im Mittel für *F*. 1026,1, für *H*. 1025,5 notirt.

Die 5. Periode entspricht genau der 3. Hier ist im Mittel das specifische Gewicht für *F*. 1021, für *H*. 1021.

Das specifische Gewicht ist im Ganzen der Gradmesser für die Menge löslicher Bestandtheile, die in gleichen Mengen Harn gelöst sind, und wir sehen desshalb auch die Procentbeobachtungen für Harnstoff und Harnsäure mit dem specifischen Gewichte parallel laufen.

Wie die absolute Ausscheidung von Harnstoff und Harnsäure während unserer Versuche schwankt, wollen wir jetzt näher betrachten.

Harnstoff.

Ohne weiter auf die zahllosen Theorien über die Harnstoffausscheidung einzugehen, will ich hier kurz voranschicken, was Physiologie und Pathologie als feststehend annimmt und was für die Erklärung unserer Beobachtungen von Belang sein dürfte.

Der Harnstoff, dessen chemische Zusammensetzung durch die Formel $CO_2H_4N_2$ ausgedrückt wird, ist das letzte und wichtigste Endprodukt der Verbrennung der stickstoffhaltigen Nahrungsmittel; die tägliche Menge für den Erwachsenen beträgt bei gemischter Kost 36 bis 38 Grm. Diese Menge schwankt jedoch ganz bedeutend je nach der Aufnahme stickstoffhaltiger Nahrung;

die geringste Menge die Ranke in 24 Stunden von einem Menschen (am zweiten Hungertage) ausscheiden sah, war 17,02 Grm., die grösste (bei reiner Fleischnahrung) 86,3 Grm., also ein durch Nahrungsaufnahme bedingtes Schwanken von 1 zu 5.

Aus den Untersuchungen von O. v. Franqué über den Einfluss der Nahrung auf die Harnstoffausscheidungen wollen wir Folgendes anführen um die Wichtigkeit dieses Einflusses zu zeigen.

Es wurden in 24 Stunden entleert

bei rein animaler Kost 51—92 Grm. Harnstoff,
bei gemischter Kost . . 36—38 „   „
bei vegetabilischer Kost 24—25 „   „
bei stickstoffloser Kost 16   „   „

Bei gleichbleibender Nahrung haben Bischoff und Voit an Thieren, Ranke[1]) am Menschen die Harnstoffausscheidung bestimmt und fanden die tägliche Menge ziemlich gleichbleibend.

Ranke stellt als Resultat solcher Ernährungsversuche Folgendes als ersten Satz auf: „Bei vollkommen gleichbleibender Stickstoffzufuhr in der Nahrung während mehrerer Versuchstage findet anfangs eine wechselnde Harnstoffausscheidung statt; erst nach einigen Tagen wird sie ziemlich gleichmässig, dann ist die im Harnstoffe ausgeschiedene Stickstoffmenge der in der Nahrung zugeführten ziemlich gleich."

Nach der Nahrungsaufnahme ist das wichtigste Moment, das die Harnausscheidung in seiner Menge bestimmt, die Wasseraufnahme resp. Wasserausscheidung durch die Nieren. — Genth[2]) hat darüber experimentirt und fand, dass bei Einführung von

1200—1300 Cctm. Wasser 44,5—44,9 Grm. Harnstoff
3200   „   „   40,6—50   „   „
5500   „   „   54,26   „   „

ausgeschieden wurden. Zu ähnlichen Resultaten kam auch Mosler. — Nach Beneke's Annahme soll ein täglicher Mehrgenuss von 300 Cctm. Wasser die tägliche Harnstoffausscheidung um 1 Grm. steigern.

1) Beiträge zur Kenntniss der Harnstoffausscheidung beim Menschen. Inaug. Dissertat. Würzburg 1855.
2) Ueber den Einfluss des Wassertrinkens auf den Stoffwechsel. Wiesbaden 1856.

Ob dabei diese vermehrte Harnstoffmenge im Urin auf eine vermehrte Bildung oder nur auf eine vermehrte Ausscheidung zu beziehen ist, bleibt dahingestellt.

Gerade wie wir bei der Vermehrung der Wasserausscheidung einer vermehrten Harnstoffausscheidung begegnen, finden wir bei verringerter Urinmenge eine verminderte Harnstoffausscheidung, und es scheint, dass „die Ausscheidung des Harnstoffs nicht allein von der im Organismus gebildeten Menge desselben, sondern in höherem Grade von der die Nieren passirenden Menge des Harnwassers abhängig ist; ist die Menge dieses Harnwassers gering, so wird Harnstoff im Körper retentirt; ist sie grösser als normal, so wird mit ihm der ganze Vorrath von Harnstoff aus dem Blute ausgespült."

Um zu beweisen, dass die Bildung und die Ausscheidung des Harnstoffes nicht nothwendig parallel laufen und um die Ursache anzudeuten, durch welche die natürliche Uebereinstimmung zwischen Bildung und Ausscheidung dieses Stoffes gestört werden kann, dergestalt, dass ein grosser Theil dieses Stoffes im Körper zurückgehalten wird, hat Bartels[1]) Versuche mit dem Dampfbade angestellt, die ihn zu der Annahme drängten, dass bei hinlänglich lange fortgesetztem Aufenthalte in einem mit heissem Wasserdampfe erfüllten Raume ein fieberhafter Zustand erzeugt wird, d. h. „Erhöhung der Körpertemperatur mit Beschleunigung des Pulses und der Athmungsfrequenz, mit Steigerung des Stoffwechsels und Abnahme des Körpergewichtes." Dabei muss jedoch gleich hervorgehoben werden, dass die Ausscheidung der stickstoffhaltigen Produkte der regressiven Stoffmetamorphose aus dem Organismus nicht nothwendig gleichen Schritt halte mit deren Bildung; als Erklärung dafür fährt Bartels fort: „Die relativ vollständige Ausscheidung des Harnstoffes aus dem Blute ist, die völlige Integrität der Nieren vorausgesetzt, zunächst abhängig von einer quantitativ genügenden Harnabsonderung. Das Maass der Harnabsonderung aber, als eines Filtrationsvorganges, hängt seinerseits ab von dem Blutdrucke in den Gefässen der Nieren; wird dieser auf welche Weise immer herabgesetzt, so sinkt auch die

---

1) Pathologische Untersuchungen von Prof. Bartels, Greifswalder medicinische Beiträge von Prof. Dr. Rühle Band III. Heft 1. 1864.

7*

Menge des abgesonderten Harns. Die physikalischen Gesetze, welche bei der Function der Nieren in Betracht kommen, bedingen es, dass der menschliche Harn in Bezug auf seine Dichtigkeit an Gewichtsgrenzen gebunden ist, dass also über ein gewisses Maass von festen Bestandtheilen, insonderheit auch von Harnstoff in diesem Secrete nicht enthalten sein können. Sinkt wegen längere Zeit hindurch verminderten Blutdrucks in den Gefässen der Nieren die Wasserausscheidung durch dieselben unter ein gewisses Maass, so wird die Menge der ausgeschiedenen Flüssigkeit nicht genügen auf dem Wege der Diffusion — unter Mitwirkung des specifischen Einflusses des Epithels — aus dem Blute soviel Harnstoff aufzunehmen, als dasselbe bei reichlicher Wasserabsonderung vermöchte; es wird also in diesem Sinne Retention des Harnstoffes im Blute eintreten."

Der Vollständigkeit halber und auch weil wir in dem therapeutischen Theile darauf zurückkommen werden, sei hier der Experimente von Bischoff, Voit, Keupp gedacht, die eine Vermehrung der Harnstoffausscheidung bei reichlicher Kochsalzaufnahme beobachteten.

Der Einfluss, den körperliche Bewegung auf die Harnstoffausscheidung hat, der früher so hoch angenommen wurde, ist nach den Untersuchungen von Fick, Wislicenus, Voit u. A. m. doch nur ein so geringer, dass er für unsere Versuche vernachlässigt werden kann.

Ebenso ist die Kenntniss der Einflüsse geistiger Arbeit, gemüthlicher Affekte, stärkeren Hautreizes auf die Ausscheidung des Harnstoffes noch so sehr in ihren ersten Anfängen, dass wir hier nicht weiter darauf eingehen wollen.

Dies vorausgeschickt, wenden wir uns der Erklärung unserer Beobachtungen zu.

Die in der 1. Periode gemachten Beobachtungen zeigen uns einen Mittelwerth der täglichen Harnstoffausscheidung von

45,47 Grm. für *F*.
und 55,26 Grm. für *H*.

Die Höhe dieser Zahlen erklärt sich leicht aus der Tabelle von Franqué, wenn wir berücksichtigen, dass wir während der Versuche ziemlich reichlich stickstoffhaltige Kost zu uns nahmen.

Nach Ranke's Beobachtungen müssen wir, wenn erst einmal das Gleichgewicht zwischen Einnahme und Ausgabe hergestellt ist, bei genau gleichbleibender Einnahme stets dieselbe Harnstoffausscheidung zeigen; den unbedeutenden Einfluss, den die etwas wechselnde körperliche und geistige Beschäftigung erzeugt, dürfen wir wohl übergehen und werden desshalb berechtigt sein alle Veränderungen, die wir während unserer Versuche in der Harnstoffausscheidung finden, als Folge der Bäder zu betrachten. —

Gleich am Tage, an dem das erste heisse Luftbad genommen wurde, tritt eine der auffallendsten Störungen in der Harnstoffausscheidung auf. *F*. scheidet nur 39,80 Grm., *H*. nur 46,00 Grm. pro die aus, also 6 resp. 9 Grm. weniger als im Mittel. Ich sage absichtlich scheidet aus und vermeide das Wort producirt, weil uns die folgenden Tage zur Genüge beweisen sollen, dass durch die heissen Luftbäder die Harnstoffproduction nicht vermindert, sondern beträchtlich vermehrt wird, und dass die geringe ausgeschiedene Menge lediglich darauf beruht, dass in Folge der starken Schweisse das Harnwasser so sehr vermindert wurde, dass es trotz einer starken Concentration des Urins (4,20 und 4,00 Proc. Harnstoff) nicht ausreichen konnte allen gebildeten Harnstoff aus den Geweben zu entfernen.

Ob mit dem Schweisse grössere Mengen Harnstoff den Körper verliessen, ist immer wahrscheinlich, da Harnstoff einmal als normaler Schweissbestandtheil anerkannt ist — doch müssen wir immerhin für die Hauptmenge des durch die Nieren nicht abgeschiedenen Harnstoffes zur Bartels'schen Retentionstheorie greifen. Mit dieser Annahme wird uns nicht allein die vorübergehende Verminderung des ersten Tages klar, sondern auch die über die Badetage hinaus beobachtete Vermehrung in der Harnstoffausscheidung. —

Für den zweiten Badetag ist die ausgeschiedene Harnstoffmenge bereits über dem normalen Mittel. *F*. scheidet 43,30, *H*. 56,25 Grm. pro die aus; am dritten Tage sehen wir beträchtliche Vermehrung — *F*. scheidet 49,35, *H*. 63,45 Grm. pro die aus. —

Aeusserst interessant sind diese Zahlen nicht allein, weil sie uns beweisen wie durch die heissen Luftbäder die Harnstoffproduction gesteigert wird, denn dafür werden wir in den folgenden zwei Tagen weit schlagendere Beweise finden, sondern weil sie uns zeigen wie bei offenbar gesteigerter Production die Harnstoffausscheidung in hohem Grade von der Menge des Urinwassers abhängt, — und in wieweit, wenn die retentirten Harnstoffmengen in Geweben zu gross werden sollten, die Nieren im Stande sind durch hochgradige Concentration des Urins (4,70 Proc. Harnstoff enthaltend) sich der angesammelten Zersetzungsproducte zu entledigen.

In wie geringem Maasse dies jedoch nur stattfand, zeigen uns die zwei Tage, die den heissen Luftbädern folgten und wo reichlich zur Auswaschung des Harnstoffs Wasser vorhanden ist. An diesen Tagen finden wir sehr hohe Werthe. F. scheidet 61,20 und 49,30 Grm., H. 62,70 und 61,05 Grm. pro die aus. — Erst wenn wir die Resultate der Harnstoffausscheidung dieser beiden Tage zu denen der Badetage selbst addiren und durch 5 theilen, finden wir Werthe, die etwa der durch die heissen Luftbäder vermehrten Harnstoffbildung entsprechen. Es beträgt daraus für F. die tägliche gebildete Harnstoffmenge 49,65 Grm., für H. 57,59 Grm. — Zahlen, die auf eine nicht unbedeutende Beschleunigung des Stoffwechsels, erzeugt durch drei heisse Luftbäder hindeuten.

Ob die hohe Vermehrung der Harnstoffmenge in den zwei ersten Tagen nach den Bädern einfach als Folge der Retention anzusehen ist, oder ob wir ausserdem annehmen dürfen, dass durch die Bäder Alterationen des Stoffwechsels ausgelöst werden, die sich noch über 2 Tage hinaus verfolgen lassen, werden wir bei Gelegenheit der Harnsäurebestimmungen berühren.

Am dritten Tage nach den heissen Luftbädern ist die ausgeschiedene Harnstoffmenge zu der Grösse der drei ersten Normaltage herabgesunken und wir werden annehmen dürfen, dass damit die Stoffwechsel-beeinflussende Nachwirkung der heissen Luftbäder vorüber ist.

Während der Periode der Dampfbäder müssen sich in der Harnstoffausscheidung wieder dieselben Momente geltend machen, die wir bei den heissen Luftbädern erörtert. In dem Mittel aus den 3 Badetagen und den folgenden 2 Ruhetagen werden wir ein Maass dafür haben, wie die Production des Harnstoffes durch die Dampfbäder vermehrt wird. F. 51,63, H. 52,54 Grm. pro die. Während die einzelnen Beobachtungen an den Badetagen uns zeigen, wie selbst bei vermehrter Production, wenn das nöthige Urinwasser fehlt, nicht sämmtlicher Harnstoff ausgeschieden wird, selbst wenn die Concentration bis auf 4,90 Proc. Harnstoff steigt — und wie täglich Harnstoff retentirt werden muss, der an den folgenden Ruhetagen, wo Harnwasser genug die Nieren passirt, zur Ausscheidung kommt.

Als Resultat unserer Harnstoffanalysen können wir wohl sagen, *dass durch heisse Luftbäder und Dampfbäder die Harnstoffproduction vermehrt wird — durch die letzteren mehr als durch die ersteren —, dass bei der grossen Abnahme des Urinwassers* (natürlich nur dann wenn wie bei unseren Versuchen täglich nur ein einmal festgesetztes Quantum Wasser getrunken werden darf) *an den Badetagen nicht aller producirter Harnstoff ausgeschieden werden kann, sondern eine grosse Menge retentirt wird, die in den zwei den Bädern folgenden Tagen zur Ausscheidung kommt.* — Ob an den dem Badetagen folgenden Tagen die Harnstoffproduction noch vermehrt bleibt, ist wahrscheinlich doch aus unseren Versuchen nicht zu erweisen.

Schön zeigten uns das Verhältniss der Harnstoffausscheidung und Production an den Tagen unserer Versuche die auf 1 Kilogramm Körpergewicht berechneten Mengen —; die Zahlen sind zu markirt, als dass sie noch besonderer Erklärung bedürften. Ich begnüge mich deshalb hier auf die grosse Tabelle und die Curven zu verweisen.

Harnsäure.

Von der grössten Bedeutung sind unsere Beobachtungen über die Ausscheidung der Harnsäure. Praktisch finden wir darin die wichtigsten Fingerzeige für die Anwendung unserer Bäder, theoretisch geben uns diese Beobachtungen einen Schlüssel für die Modificationen, die der Stoffwechsel während und nach diesen Badeproceduren erleidet.[1]

Die Harnsäure, deren Zusammensetzung durch die Formel $C_{10}H_4N_4O_6$ ausgedrückt wird, ist in Wasser schwer löslich

---

[1] Grundlinien der Pathologie des Stoffwechsels. Beneke 1874. IX. Vorlesung.

(14000—15000 Theile kalten, 1800—1900 warmen Wassers bedarf sie zu ihrer Lösung). Ihre Löslichkeit in den thierischen Flüssigkeiten wird aber mit Leichtigkeit durch das phosphorsaure Natron vermittelt. Ausser mit dem Natron bildet die Harnsäure mit dem Ammon, dem Kalk und dem Lythium Salze, deren Kenntniss für den Arzt von Wichtigkeit ist. Die Lythionsalze sind durch ihre grosse Löslichkeit ausgezeichnet, und mit Recht wird deshalb das Lythion als Heilmittel bei Harnsäureablagerungen in den Gelenken und in der Blase gerühmt. Dem harnsauern Ammon begegnen wir im ammoniakalischen Harn, dem harnsauern Kalke hie und da in den Gelenkablagerungen der Arthritiker.

Die Quantität der mit dem Harn im Zustande der Gesundheit binnen 24 Stunden ausgeschiedenen Harnsäure beläuft sich im Mittel auf 0,55 Grm. Die Grenze der Normalquantität dürfte auf 0,3 bis 0,6 Grm. bestimmt werden. Welch geringe Quantität eines stickstoffhaltigen Ausscheidungsproductes gegenüber dem Harnstoffe! und doch zu welch bedeutenden Gesundheitsstörungen können die pathologischen Productions- und Ausscheidungsverhältnisse der Harnsäure führen! Gedenken wir nur der Concretionen in den Nieren, der Blase und in den Divertikeln der Harnröhre, der massenhaften Ablagerungen in den Gelenken der Arthritiker! Aber Angesichts dieser Verhältnisse ist es nur doppelt zu beklagen, dass wir über die Ursprungsstelle der Harnsäure fast noch mehr im Dunkeln sind als über diejenige des Harnstoffs. Man hat die Milz, die leimgebenden Gewebe und neuerdings auch die Leber für die Harnsäure im Harn verantwortlich machen wollen. Aber keine dieser Hypothesen hat bis dahin einen genügenden Beweis erfahren, und thatsächlich befinden wir uns der Frage gegenüber noch vollständig im Unklaren. Sollte es sich bestätigen, dass der Harnstoff einen wesentlichen Theil seiner Elemente aus den gefärbten Blutkügelchen bezieht, so dürfte man daran denken, ob nicht die farblosen Blutzellen einen Theil des Materials für die Harnsäure liefern. In der That hat man bei der Leukämie in einzelnen Fällen die relative Quantität der Harnsäure im Harn vermehrt gefunden (Ranke, Bartels, Salkowsky). Allein alle diese Dinge stehen noch auf sehr lockern Füssen. Es handelt sich fast nur um Vermuthungen.

Es lag nahe, nachdem man aus der Einwirkung von Salpetersäure auf Harnsäure Harnstoff hat entstehen sehen, die Harnsäure als die Vorstufe für den Harnstoff in der absteigenden Metamorphosenreihe der stickstoffhaltigen Körperbestandtheile zu betrachten. Liebig verlieh dieser Anschauung schon vor Jahren Ausdruck, und dieselbe gewann mehr an Wahrscheinlichkeit durch die Erfahrungen von Wöhler und Frerichs, dass der Harn mit Harnsäure gefütterter Hunde oder von Hunden, denen Harnsäure in die Venen injicirt wurde, an Harnstoffgehalt zunahm und auch einen reichlichen Gehalt an Oxalsäure zeigt. Bartels wendet sich dieser Anschauung neuerdings wieder mit Entschiedenheit zu.

Weiter wollen wir Beneke nicht auf dem Gebiete der Hypothese folgen, sondern uns jetzt den Veränderungen der Harnsäuremenge zuwenden, wie man sie unter dem Einflusse verschiedener Agentien und Zustände des Organismus entstehen sieht.

Ein unverkennbarer Einfluss wird zunächst durch die Quantität der Nahrung ausgeübt; doch tritt derselbe bei der Harnsäure bei weitem nicht in einer so frappanten Weise hervor wie beim Harnstoffe. Bence Jones bezeichnet den Einfluss als einen sehr geringen; Lehmann fand dagegen schon erheblichere Differenzen bei stickstoffreicher animalischer und bei vegetabilischer Kost, und Heinrich Ranke schied bei reiner Fleischdiät durchschnittlich 0,880 Grm., bei rein vegetabilischer Diät 0,650 Grm. Harnsäure aus.

Den Einfluss vermehrter Aufnahme von Trinkwasser können wir aus den Arbeiten von Genth erfahren. Während bei einer Einnahme von 1200—1300 Cctm. Wasser täglich 0,52—0,71 Grm. Harnsäure entleert wurde, erscheinen bei 3200 Cctm. Wasser nur Spuren derselben im Harn, und bei 5000—5500 Cctm. Wasser schwand dieselbe sogar gänzlich. Es ist hier freilich zu erwähnen, dass bei so grosser Verdünnung des Harns, wie sie hier stattharte, der Nachweis der Harnsäure schwer gelingt, falls der Harn nicht zuvor eingeengt wird. Auch lässt die von Genth angewendete Methode einige Bedenken zu. Immerhin scheint aber doch die Abnahme der Harnsäure nach der Einführung grosser Mengen von Trinkwasser sehr wahrscheinlich, und möglicherweise dürfte darin der Grund zu suchen sein, dass bei grosser Wasserzufuhr die Harn-

— 106 —

stoffausscheidung sehr beschleunigt wird und dadurch die Ueberführung von Harnsäure in Harnstoff begünstigt werden muss.

Der Einfluss des Kochsalzes auf die Harnsäuremenge ist noch nicht hinreichend festgestellt. Durch den Genuss des heissen Wiesbadener Kochbrunnens in Quantitäten von 300 und 400 Cctm. (mit resp. 3,4 und 2,7 Grm. Kochsalz) wurde die Harnsäureausscheidung bei Genth und Neubauer übereinstimmend herabgesetzt.

In Betreff der körperlichen Bewegung auf die Harnsäureausscheidung liegt eine Beobachtungsreihe von H. Ranke vor; dieselbe führt zu dem Resultate, dass leichte Grade von Bewegung eine geringe Verminderung der Harnsäure im Harn zur Folge haben; ermüdende Bewegungen dagegen die Ausscheidung steigern.

Schliesslich erwähne ich noch den Einfluss der Seeluft auf die Harnsäureausscheidung. Nach Benecke's eigenen Untersuchungen auf Wangerode nimmt dieselbe unter jenem Einflusse ab, wird durch das Seebad um etwas gesteigert, zeigt aber eine entschiedene Abnahme nach Beendigung des Aufenthaltes an der See bei Rückkehr auf das Festland."

Wenden wir uns nach diesem Excurse unseren Beobachtungen zu; sie werden uns zeigen, dass wir den genannten Agentien ein Weiteres zuzufügen haben, das weit energischer auf die Harnsäureausscheidung einwirkt als alle bis jetzt bekannten, es sind dies die heissen Luft- und Dampfbäder.

In der 1. Periode wurde im Mittel aus den Einzelbeobachtungen von F. 0,645, von H. 0,647 Grm. Harnsäure pro die ausgeschieden, was auf 1 Kilogramm Körpergewicht berechnet für F. 0,009, für H. 0,009 Grm. pro die beträgt.

Diese Zahlen stimmen mit den bekannten Harnsäuremengen so vollkommen überein, dass wir in ihnen den Ausdruck der normalen Harnsäuremengen für uns, bei unserer Ernährungsweise, erkennen dürfen. Da in unserer ganzen Lebensweise mit Ausnahme der Bäder für die ganze Versuchszeit nichts geändert wurde, und da Ranke den geringen Einfluss körperlicher Bewegung auf die Harnsäureausscheidung nachwies, so werden wir gewiss mit grossem Rechte die näher zu besprechenden Aenderungen in der Ausscheidung der Harnsäure als die Folge der Bäder betrachten dürfen. Wenn auch für die einzelnen Versuchstage die Harnsäuremenge ziemliche Schwankungen zeigt — auch andere Beobachter sind von der Inconstanz der Harnsäureausscheidung überzeugt — so sind doch die Mittelwerthe, aus den einzelnen Perioden berechnet, in ihrer Grösse so markirt, dass sichere Schlüsse daraus gestattet sind.

Während der Tage, an denen heisse Luftbäder genommen wurden, tritt ein beträchtliches Steigen in der Tagesmenge der Harnsäure ein.

F. bildet nach dem 1. heissen Luftbade 0,560 Grm. od. 0,018 auf 1 Kilog. Körperg.
  nach dem 2. heissen Luftbade 1,200 „   od. 0,016 auf 1   „   „
  nach dem 3. heissen Luftbade 1,662 „   od. 0,025 auf 1   „   „

Demnach hatten wir für F. während der Badetage eine tägliche Zunahme der Harnsäureausscheidung. Bei H. dagegen steigt gleich nach dem ersten heissen Luftbade die Harnsäuremenge auf 1,552 Grm. pro die und hält sich für alle drei Badetage so ziemlich auf derselben Höhe (2. 1,540 Grm., 3. 1,520 Grm.) was eine Harnsäureausscheidung von 0,018 resp. 0,017 pro 1 Kilogramm Körpergewicht und pro die ergibt. Im Mittel aus diesen Beobachtungen steigt während der Tage der heissen Luftbäder die Harnsäureausscheidung und zwar für

F. auf 1,137 Grm. oder 0,019 Grm. pro 1 Kilogr. Körpergewicht,
H. auf 1,537 Grm. oder 0,018 Grm. pro 1 Kilogr. Körpergewicht.

Demnach haben wir eine Vermehrung gegen die ersten Normaltage um fast das Doppelte zu verzeichnen.

Noch stärker als durch die heissen Luftbäder wird die Harnsäureausscheidung durch die Dampfbäder vermehrt. Hier finden wir einen übereinstimmenden Gang in der Ausscheidung bei beiden Experimentatoren. Sie steigt in den drei Tagen

bei F. von 0,950 auf 1,700 und 1,650 Grm. pro die,
bei H. von 1,310 auf 1,550 und 1,725 Grm. pro die.

Auf 1 Kilogramm Körpergewicht berechnet, steigt die Harnsäuremenge für F. von 0,015 auf 0,026 und 0,027 pro die,
  für H. von 0,015 auf 0,016 und 0,020 pro die.

Oder im Mittel wird die Harnsäureausscheidung an den Tagen der Dampfbäder

für F. auf 1,520 Grm. od. 0,023 pro Kilogr. Körpergewicht,
für H. auf 1,525 Grm. od. 0,017 pro Kilogr. Körpergew. gesteigert.

Sowohl in den Tagen, die den heissen Luftbädern, als auch

in denen, die den Dampfbädern folgen in der 3. und 5. Periode, fällt die Harnsäuremenge nicht gleich auf ihr normales Maass zurück, vielmehr bleibt sie noch einige Tage beträchtlich vermehrt. Am ersten Tage der 3. Periode scheidet F. 0,000, am 2. 0,592, am 3. 0,783 Grm. aus, oder auf 1 Kilogramm berechnet 0,014, 0,014, 0,012 Grm. pro die. H. zeigt ganz ähnliche Verhältnisse; er scheidet an diesen Tagen 0,940, 0,935, 0,502 Grm. aus, oder 0,011, 0,011, 0,010 Grm. pro ein Kilogramm Körpergewicht. Wir sehen in diesen Zahlen ein tägliches Abnehmen der Harnsäureausscheidung, und selbst am dritten Ruhetage ist sie noch nicht auf ihren normalen Anfangswerth zurückgekehrt, vielmehr scheidet F. noch 0,003, H. noch 0,001 Grm. Harnsäure pro Kilogramm pro die mehr aus. Leider wurden am folgenden Tage die Versuche mit den Dampfbädern begonnen, so dass wir nicht angeben können, wie weit hinaus sich die Nachwirkung der heissen Luftbäder auf die Harnsäureausscheidung noch verfolgen liesse.

In der 5. Periode, den Tagen, die den Dampfbädern folgen, sind die Verhältnisse ganz entsprechend denen der 3. Periode; wir finden auch hier noch eine beträchtliche Vermehrung der Harnsäureausscheidung, die von Tag zu Tag abnimmt, und wir dürfen wohl behaupten, dass durch beide Arten von Bädern die Harnsäureausscheidung beträchtlich vermehrt wird, und dass diese Vermehrung sich noch über mehrere Tage hinaus verfolgen lässt.

In dieser Vermehrung der Harnsäureausscheidung an den Ruhetagen, die am dritten Tage nach den heissen Luftbädern noch 0,003 resp. 0,001 Grm. pro 1 Kilogramm Körpergewicht beträgt, haben wir einen sicheren Beweis dafür, dass die Stoffwechsel beschleunigende Nachwirkung der Bäder sich eben noch über mehrere Tage hinaus erstreckt, und wir werden desshalb auch die Vermehrung der Harnstoffausscheidung an diesen Tagen nur theilweise auf Rechnung von Retention an den Badetagen setzen dürfen, da ja sehr wahrscheinlich bei Vermehrung der Harnsäureproduction auch eine Vermehrung der Harnstoffproduction besteht.

Wenn auch die Zahlen, die die Harnsäuremenge pro die ausdrücken, sehr grossen Schwankungen unterworfen sind, wie ja die

Curven so deutlich zeigen, so werden wir doch aus den Hauptbewegungen derselben den sicheren Schluss ziehen dürfen, *dass wir in den heissen Luftbädern und noch mehr in den Dampfbädern ein Mittel besitzen, die tägliche Harnsäuremenge auf das Doppelte, ja fast auf das Dreifache zu steigern, und dass diese Steigerung noch über mehrere Tage hinaus verhält.*

Der Vollständigkeit halber und als Stütze für meine Ansicht von der nachhaltigen Wirkung der Bäder auf den Stoffwechsel lasse ich hier die werthvollen Resultate der Harnanalyse von Kostjurin folgen.

Er machte seine Versuche nur bei Dampfbäder-Gebrauch; auch hielten seine Versuchspersonen keine strenge Diät; dagegen ersetzt er durch die Zahl der Einzelbeobachtungen das Mangelhafte seiner Versuchsresultate in dieser Beziehung. Harnstoff und Harnsäure ist in seinen Tabellen zusammengefasst und auf Stickstoff berechnet.

Er fand im Mittel aus 21 Beobachtungen, dass die Menge der in den 4 Stunden die dem Dampfbade vorausgingen, ausgeschiedener Stickstoffmenge 3,36 Grm. betrug gegen 5,62 Grm. in den 4 Stunden, die dem Dampfbade folgten. Diese Aenderung lässt sich als ganz directe Folge des Einflusses des Dampfbades betrachten.

Weiter beobachtete er aber, dass bei denselben Versuchspersonen einen Tag vor dem Dampfbade im Mittel täglich 13,21 Grm. Stickstoff ausgeschieden wurde, während einen Tag nach dem Dampfbade im Mittel 15,35 Grm. und zwei Tage nachher sogar 15,55 Grm. Stickstoff ausgeschieden ward.

Phosphorsäure und Schwefelsäure.

Da unsere eigenen Beobachtungen sich damit begnügten, die Wasser-, Harnstoff- und Harnsäureausscheidung zu bestimmen und es mir doch von grössem Interesse scheint, auch über die übrigen Harnbestandtheile wenn auch nur kurze Andeutung zu erhalten, so will ich die Angabe von Kostjurin über Phosphorsäure- und Schwefelsäureausscheidung vor, während und nach den Dampfbädern kurz im Résumé anführen.

Die Phosphorsäure war im Mittel aus 21 Beobachtungen einen Tag vor dem Bade 2,39 Grm. pro die, in 4 Stunden vor dem Bade 0,54 Grm., in den 4 Stunden nach dem Bade 1,02 Grm. Einen Tag nach dem Bade zeigte sie 2,81 Grm. pro die, 2 Tage nach dem Bade 2,61 Grm. pro die.

Wir sehen aus diesen Zahlen ein beträchtliches Steigen der Phosphorsäuremenge unmittelbar nach dem Bade fast auf das Doppelte. — Die Vermehrung der Phosphorsäureausscheidung lässt sich noch über mehrere Tage hinaus verfolgen.

Ganz ähnlichen Gang zeigt die Ausscheidung der Schwefelsäure. Die Menge war aus denselben 21 Beobachtungen berechnet, einen Tag vor dem Bade im Mittel 1,53 Grm. pro die. In den 4 Stunden vor dem Bade 0,34 Grm. im Mittel. Sie wurde während der Bäder bedeutend vermehrt, so dass in den 4 Stunden nach dem Bade 0,64 Grm. also fast die doppelte Menge ausgeschieden wurde. — Nach einem, selbst nach zwei Tagen liess sich diese Vermehrung noch erkennen; es wurde nämlich nach dieser Zeit 1,76 Grm. resp. 1,66 Grm. (gegen 1,53 vor dem Bade) ausgeschieden.

Tabelle nach Kastjurin.

Mittel aus 21 Beobachtungen	Tägliche Menge			4stündige Menge	
	1 Tag vor dem Bade	1 Tag nach dem Bade	2 Tage nach dem Bade	4 Stunden vor dem Bade	4 Stunden nach dem Bade
Menge des Stickstoffes	13,21 Grm.	15,36 Grm.	16,56 Grm.	3,36 Grm.	4,62 Grm.
Menge der Phosphorsäure	2,39 Grm.	2,81 Grm.	2,61 Grm.	0,54 Grm.	1,02 Grm.
Menge der Schwefelsäure	1,53 Grm.	1,76 Grm.	1,66 Grm.	0,34 Grm.	0,64 Grm.

Schweiss.

Neben den Nieren sind Lungen und Haut die wichtigsten Organe für die Ausscheidung der Endprodukte des Stoffwechsels. Als für den Rahmen unseres Aufsatzes zu weit gehend, wollen wir es unterlassen, auf die Sauerstoffaufnahme und auf die Kohlen-

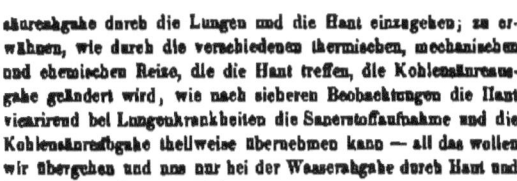

säureabgabe durch die Lungen und die Haut einzugehen; zu erwähnen, wie durch die verschiedenen thermischen, mechanischen und chemischen Reize, die die Haut treffen, die Kohlensäureausgabe geändert wird, wie nach sicheren Beobachtungen die Haut vicarirend bei Lungenkrankheiten die Sauerstoffaufnahme und die Kohlensäureabgabe theilweise übernehmen kann — all das wollen wir übergehen und uns nur bei der Wasserabgabe durch Haut und Lungen etwas länger aufhalten.

Oben haben wir bereits erwähnt, dass während den Normallagen von den 2500 Grm. Wasser, die F. und den 2800 Grm., die H. zu sich nimmt, nur 1570 resp. 1620 Grm. im Mittel durch die Nieren ausgeschieden werden. Der Rest, 930 resp. 1240 Grm. muss durch Lunge und Haut zur Ausscheidung kommen, und zwar wird ⅔ von Lungen ⅓ von Haut ausgeschieden, also

für F. 660 Grm. durch Lunge, 330 durch Haut,
für H. 826 Grm. durch Lunge, 413 durch Haut.

Diese Zahlen haben jedoch nur als Mittelwerthe einige Bedeutung; die tägliche Beobachtung lehrt ja zur Genüge, wie diese Absonderungen von einer Menge von Umständen abhängen, wie Anstrengung, Temperatursteigerung der Atmosphäre und ihr Feuchtigkeitsgrad auf sie einwirken.

Wir beginnen mit den Absonderungen der Haut als dem Bekannteren und werden im Verlaufe nur so weit es für die Beurtheilung der Menge der Hautsecretion nöthig ist, auf die Wasserabgabe durch die Lungen zurückkommen.

Gross ist die Zahl der Forscher, die seit Scharling sich damit beschäftigt haben, die Quantität und Qualität der durch die Haut abgegebenen Stoffe zu ermitteln, und festzustellen, wie die verschiedenen äusseren Einflüsse diese Ausscheidung beeinflussen und auf welchem Wege sich diese Einflüsse geltend machen; sehr weit gehen die Resultate genannter Untersuchungen auseinander. Segnin berechnet die 24 stündige Menge auf 917 Grm., Kye auf 1017, Valentin auf 791, Röhrig auf 500—800. Funke berechnet aus den Daten, die er bei Untersuchungen an sich selbst bekommen, die Gesammtmenge gar in maximo auf 19 Kilogramm.

Von der Gesammtmenge der durch die Haut ausgeschiedenen Stoffe entweicht ein Theil sofort als flüchtiger Wasserdampf, während ein anderer Theil eine Zeit lang in flüssiger Form auf der Haut verweilt. Der erste wird als Perspiratio insensibilis, der zweite als Perspiratio sensibilis bezeichnet.

Das Verhältniss der Perspiratio sensibilis zu insensibilis hängt hauptsächlich von der Menge und von der Geschwindigkeit der Absonderung ab; wenn die Schweissdrüsen sehr langsam secerniren, so wird die meiste Flüssigkeit in Dampfform entweichen und von uns nicht gefühlt werden, andern wenn die Secretion sehr schnell vor sich geht.

Krause hat in äusserster Genauigkeit die Zahl der Schweissdrüsen berechnet, die mittleren Durchmesser der Schweissdrüsenausführungsgänge bestimmt und daraus für die Schweissdrüsen eine Verdunstungsfläche von 7,496 ☐" berechnet. Er bestimmte darauf das Maximum der Wasserverdunstung bei 35° Cels. auf einen Quadratzoll Fläche und berechnete daraus, dass sämmtliche Schweissdrüsen im Stande seien, bei grösster Thätigkeit und unter günstigsten Verhältnissen täglich 1904,5 Gran Flüssigkeit in Dampfform abzugeben. Da diese Menge weit selbst hinter den niedersten Werthen der Wasserdampfabgabe zurückbleibt, so sieht sich Krause zu der Annahme gedrängt, dass die gesammte Körperoberfläche, möge sie reich oder arm an Schweissdrüsen sein, stets Wasser verdunste. Diese Behauptung suchte er durch Experimente zu stützen. Er verschloss mit Epidermisstücken Gläser, welche mit Gasen von leicht evaporirenden Flüssigkeiten gefüllt waren und fand dabei stets, dass die Epidermis für solche Stoffe durchlässig sei. Auch andere Forscher, Reinhard, Erhard fanden, dass die Menge der Wassergasabgabe nicht unbedingt mit dem Drüsenreichthum der Haut parallel laufen muss; so zeigt die Wange eine viel reichlichere Perspiratio insensibilis als die Vola manus, obgleich die Zahl ihrer Schweissdrüsen viel geringer ist.

Der Gedanke ist auch naheliegend, dass von dem gesammten Capillarnetze der Haut durch die Epidermis hindurch stets Wasser ausgedunstet werden muss, und wenn auch die Werthe hiefür nicht so hoch anzuschlagen sind, wie Krause es annimmt, so scheint mir doch seine Ansicht richtiger als die entgegengesetzte, die sämmtliche Wasserdampfabgabe auf Rechnung der Schweissdrüsen setzt.

Von eben so grossem Einflusse für das Verhältniss der Perspiratio insensibilis und sensibilis als die Absonderung ist der Zustand der Atmosphäre. Es muss, die Menge der Production als gleichbleibend vorausgesetzt, bei trockener, warmer und bewegter Luft die Perspiratio insensibilis auf Kosten der sensibilis vermehrt werden, und umgekehrt; und so kann es vorkommen, dass wir bei sehr starker Perspiration unsern Körper vollständig trocken finden, während bei feuchter kühler Luft selbst bei geringerer Perspiration unser ganzer Körper von Schweiss bedeckt ist. In sehr hochtemperirter Luft oder durch angestrengte Arbeit, reichliche Aufnahme warmer Getränke (Arzneien) kann jedoch die Secretion so sehr vermehrt werden, dass selbst die stärkste Verdunstung nicht mehr ausreicht, alle Perspiratio in eine Insensibilis zu verwandeln; unter solchen Umständen finden wir den Körper reichlich von Schweiss bedeckt.

Der Schweiss[1]) selbst ist eine klare farblose Flüssigkeit von starkem und bestimmtem Geruch, welcher je nach dem Körpertheile, dem das Secret entnommen wurde, verschieden ist. Abgesehen von zufälligen Epidermisschuppen enthält er keine Structurelemente. Die Reaction des Schweisssecretes erweist sich im Gegensatze zu demjenigen der Talgdrüsen als alkalisch, wie das bei reichlichem Schwitzen nachgewiesen werden kann. Eine Beimischung von Talgdrüsensecret kann, wenn der Schweiss sehr spärlich ist, zur sauren Reaction (Trompy und Luchsinger) Veranlassung geben, wahrscheinlich in Folge von Umwandlung der Fette des Hauttalges in Fettsäuren. Die durchschnittliche Menge fester Bestandtheile ist ungefähr 1,51 Procent, von denen ungefähr ⅔ organische Substanzen sind. Die hauptsächlichsten normalen Bestandtheile sind: 1. Chlornatrium mit geringen Quantitäten anderer anorganischer Salze; 2. verschiedene Säuren, Fettsäuren — wie Ameisensäure, Essigsäure, Buttersäure, sowie wahrscheinlich Propion-, Caprol- und Caprylsäure. Auf die Anwesenheit der letzteren lässt der Geruch des Schweisses schliessen." — Milchsäure wurde von Berzelius, Harnstoff von Funke als normale Schweissbestandtheile aufgefunden; letzterer berechnete

---
1) Forster, Physiologie.
Helligenthal u. Frey, Luft- u. Dampfbäder.

die Menge Harnstoff, die bei forcirten Schwitzversuchen durch die Haut abgesondert wurde, auf 10 Grm. pro die.

Wie bei allen Drüsen, so hängt auch die Menge der Secretion der Schweissdrüsen von der Menge des zufliessenden Blutes ab; die tägliche Beobachtung zeigt, wie jede Erweiterung der Hautgefässe von vermehrter Secretion der Hautdrüsen begleitet ist und die Verengerung der Hautgefässe die Secretion vermindert, und wir haben bei der Besprechung der Wärmebilanz schon gesehen, wie durch die Secretion und Verdunstung des Schweisses die Temperatur des Körpers constant erhalten wird.

Durch pathologische Beobachtungen (bei Phthise, Schweiss im Todeskampf) wurde jedoch die Aufmerksamkeit darauf gelenkt, dass die Menge der Schweisssecretion nicht allein von der Menge des den Drüsen zufliessenden Blutes abhängig sein könne, sondern dass Nerveneinflüsse sich geltend machen müssen, die, selbst wenn die Haut im Zustande der Blutleere ist, im Stande sind, ihre drüsigen Organe zu vermehrter Thätigkeit anzufachen. — Wenn bis jetzt es auch noch nicht gelungen ist, mit dem Mikroskop die Nervenendigungen in den Schweissdrüsen aufzufinden, so bewiesen die Experimente von Lochsinger und Kendall, Nawrocki, Adamkiewicz, Vulpian u. a. w. doch zur Evidenz, dass es gewisse secretorische Fasern gibt, die ihr gemeinsames Centrum entweder in der Medulla oblongata oder im Rückenmarke zerstreut haben. Nach den verschiedenen neueren Experimenten müssen wir die Frage noch offen lassen, ob das durch Hitze bedingte Schwitzen durch Einwirkung auf das centrale Schwitzcentrum hervorgebracht wird, oder einfach dadurch, dass durch Wärme reflectorisch die Hautgefässe sich erweitern und so die Schweissdrüsen unter günstige Secretionsbedingungen gelangen.

Nach diesem Excurse kehren wir zu unseren Beobachtungen zurück. Ein Blick auf den Temperaturgang im heissen Luftbade und Dampfbade wird uns sofort von der Wichtigkeit der Schweissbildung und Verdampfung für die Erhaltung der Eigenwärme überzeugen und lehren, dass ihr die grösste Aufgabe der Regulirung der Körperwärme obliegt. Für geringere Temperaturdifferenz reicht die als Perspiratio insensibilis ständig verdunstete Wassermenge aus, das Gleichgewicht zu erhalten, ist jedoch ein jäher

Anprall von Hitze zu pariren, so findet in der Verdunstung reichlich erzeugten Schweisses der Körper eine mächtige Schutzwehr gegen ein Ansteigen seiner Temperatur. Berger und Delaroche hielten es bei reichlicher Schweisssecretion 7 Minuten lang in einer Temperatur von 109,54° C. aus. Wir selbst verweilten volle 30 Minuten unter reichlicher Schweissbildung im heissen Luftbade von 50° C., ohne dass die Rectumtemperatur auch nur ¹/₁₀ Grad stieg.

Winternitz nimmt an, dass bei Erhaltung der Eigenwärme durch den Schweiss zwei Momente von Belang sind: 1. Wärmebindung, die stattfindet, wenn aus dem dickflüssigen Blutserum der dünnflüssige Schweiss entsteht und 2. die Wärmebindung die stattfindet, wenn das Wasser des Schweisses aus dem tropfbarflüssigen in den gasförmigen Zustand übergeführt wird. Bekannt ist das Experiment, dass ein mit Wasser von 37—40°C. gefüllter Schwamm während zwei Stunden in einer trockenen Luft von 52—61° C. seine Eigenwärme durch Wasserverdunstung erhalten kann.

Wie verschieden dagegen ist der Gang unserer Temperatur in den Dampfbädern, wo die Verdunstung des Schweisses wegen Uebersättigung der Luft mit Wasser unmöglich ist und nur durch Ueberführung von Serum in Schweiss geringe Wärmemengen verbraucht werden können. Delaroche hatte an Thieren experimentirt, die er in eine mit Wasserdampf gesättigte Atmosphäre von Körpertemperatur brachte, in der demnach keine Schweissverdunstung möglich war (allerdings war hier auch Ausstrahlung aufgehoben), und hat beobachtet, dass darin die Temperatur der Thiere beständig stieg bis zu einer Höhe, die den Tod bedingte.

Zur Bestimmung der während unserer Versuche abgegebenen Schweissmenge müssen wir etwas vorgreifen und die Resultate der Wägung anführen.

Wenn wir von der Wassermenge, die bei Verbrennung der Kohlenhydrate und Albuminate entsteht, absehen, so muss alles Wasser, was nicht durch die Nieren den Körper verlässt, durch Lungen und Haut ausgeschieden werden. Diese Menge beträgt für *F*. 990 und für *H*. 1210 Grm. per Tag. Nach gewöhnlicher Annahme kommen davon ²/₃ auf Lungen, ¹/₃ auf Hautausscheidung; also für *F*. 660 Grm. durch Lungen, 330 Grm. durch Haut, für *H*. 826 Grm. durch Lungen, 413 Grm. durch Haut für die Verhältnisse der Normaltage berechnet.

Wenn wir dieselben Ausdünstungsverhältnisse auch für die Badetage annehmen, so berechnet sich für die zwei Stunden des Aufenthaltes im Bade für *F.* eine Ausscheidung durch die Haut von 27 Grm., für *H.* von 34 Grm.

Statt dessen finden wir aber weit höhere Werthe, *F.* verliert im Mittel 700 Grm., *H.* 647 Grm. in einem heissen Luftbade. — Wenn wir von unserer frühern Annahme Gebrauch machen, dass Sauerstoffaufnahme und Kohlensäureabgabe sich im Gewichte ausgleichen, so dürfen wir wohl die ganze Menge als Ausdruck für die Wasserabgabe durch Haut und Lungen für 2 Stunden ansehen. — In den heissen Luftbädern ist die Ausscheidung von Wasser durch Lunge und Haut wesentlich vermehrt. — Nach den Schweissmengen, die man mit dem Schwamm aufnehmen kann, kommt jedoch weitaus der grösste Theil der Wasserabgabe auf Rechnung der Haut, und ich glaube annähernd das Richtige zu treffen, wenn ich im Mittel für unsere Beobachtungen im heissen Luftbade die Wasserabgabe durch die Lunge für *F.* auf 160 Grm., für *H.* auf 147 Grm. festsetze, wobei uns dann für die Menge des producirten Schweisses für *F.* 600 und *H.* 500 Grm. übrig bleiben.

Für die Dampfbäder haben wir auch wieder aus dem Gewichtsverlust im Bade die Grösse der Schweissproduction zu bestimmen. In diesen Bädern ist die Wasserabgabe durch die Lungen während des Aufenthaltes im Dampfraume unterdrückt; vielleicht sogar findet durch die Lungen eine kleine Wasseraufnahme statt, und wir werden deshalb von dem Gesammtverluste keine Werthe abziehen dürfen um in dem Reste die Menge der Wasserabgabe durch die Haut zu erhalten. Wir schätzen dieselbe auf 450 Grm. für *F.* und 400 Grm. für *H.*

Schön zeigen unsere Versuche die allmähliche Abnahme der Schweisssecretion in den heissen Luft- und Dampfbädern; ob daran eine Veränderung des Blutes oder ein Angewöhnen an die Reize des Bades die Schuld trägt, bleibe unentschieden. Wie sehr die Schweisssecretion durch reichliches Trinken während des Aufenthaltes im Bade vermehrt werden kann, zeigt uns die tägliche Erfahrung. Nicht selten sieht man, besonders bei Rheumatikern, den Schweiss in Strömen fliessen, und aus dem Gewichtsverlust berechnet können solche bis 3 Kilogramm Schweiss in einem Bade produciren.

Dass durch diese mächtige Wasserabgabe durch die Haut die Function der Nieren beträchtlich erleichtert werden muss, ist klar. Auch unsere Versuche zeigen, wie *die Menge der Nierenausscheidung ab- und zunimmt, je nachdem die Schweisssecretion steigt und fällt.*

Doch nicht allein Wasser wird durch die Schweissdrüsen abgeschieden, sondern auch Endprodukte des Stoffwechsels.

F u n k e fand die Harnstoffausscheidung in reichlichem Schweiss bis auf 10 Grm. pro die vermehrt. Andere Forscher konnten keine so grossen Mengen Harnstoff im Schweisse finden, doch halten sie ihn für einen normalen Bestandtheil. Immer bleibt für uns die Annahme offen, dass in den heissen Luftbädern und Dampfbädern mit dem reichlichen Schweissstrome ein Theil Harnstoff ausgeschieden wird, und dass theilweise auch darauf die Verminderung der Harnstoffausscheidung durch den Urin an den ersten Badetagen beruht.

R a n k e hat an sich selbst experimentirt und gezeigt, wie die Menge der durch den Schweiss ausgeschiedenen festen Stoffe auf die Menge der durch die Nieren auszuscheidenden einwirkt. Bei vollständig gleicher Kochsalzzufuhr fand er im Mittel aus 5 Tagen vor dem Schwitztage täglich 61,1 Grm. festen Stoff im Urin, — an den Tagen nach dem Schwitztage im Mittel 57,6 Grm. — am Schwitztage selbst nur 40,2 Grm.

Ausserdem wird eine ganze Reihe von Säuren, von denen wir genau wissen, dass sie als Spaltungsprodukte bei Fett- und Albuminzersetzung auftreten, normaliter mit dem Schweisse entfernt und natürlich bei vermehrter Schweissproduction auch in grösserer Menge abgeführt. — Dass solch reichliche Ausscheidung von Zersetzungsproducten nicht gleichgiltig für Stoffwechsel und Allgemeinbefinden sein kann ist naheliegend. — Wissen wir doch aus den Arbeiten von P r a y e r, wie durch Muskelarbeit Milchsäure sich bildet, die, wenn sie nicht schnell abgeführt wird, das Gefühl von Ermüdung erzeugt. Im Schweisse finden wir Milchsäure in ziemlicher Menge, und wenn erst, wie in den heissen Luft- und Dampfbädern, eine beschleunigte Circulation dieser Product der Muskelarbeit schnell weiterführt und durch die Haut ausscheidet, so wird uns erklärlich, wie selbst derjenige, der ermüdet ins Bad tritt, sich nach demselben erfrischt und gekräftigt fühlt.

Einige Worte noch über die Fettabsonderung der Haut. Diese geschieht fast ausschliesslich durch die Talgdrüsen, die um die Haarwurzeln gruppirt sind. Die Menge ist nach den Individuen sehr verschieden, bei Manchen ist sie ziemlich beträchtlich. — Dass für diese Drüsen dieselben Verhältnisse gelten wie für alle andern, ist sehr wahrscheinlich, und deshalb darf man auch annehmen, dass unter der lebhaften Circulation in der Haut, wie sie in den heissen Luft- und Dampfbädern angeregt wird, diese Sceretion zunimmt. Bertrand bemerkte, dass „wenn im heissen Bade von Mont d'or der Schweiss am ganzen Körper rinnt, die Haut aufgetrieben, uneben und fettig sei, welche Fettigkeit er einer vermehrten Secretion der Hauttalge zuschreibt".

Hier sei der Vollständigkeit halber noch einiger Untersuchungen gedacht, die erst in den letzten Monaten auf der Klinik des Herrn Professor Manassein ausgeführt wurden, und die uns weiter ein Beleg dafür sind, wie durch das Dampfbad die intimsten Vorgänge des Stoffwechsels alterirt werden.

Sasserkl machte Versuche über die Einwirkung des Dampfbades auf die Verdauung, respective auf den Säuregehalt des Magensaftes. Er fand, dass an den Tagen der Dampfbäder der Magensaft weniger Säure enthielt.

Wenn Tumas fand, dass das Jodkalium langsamer und spärlicher im Speichel und Harne zur Ausscheidung gelangt, so erkennen wir darin nur einen neuen Beleg für die beträchtlichen Aenderungen, die durch Dampfbäder in den Stoffwechselvorgängen hervorgerufen werden können.

Nachdem wir die Veränderungen in Innervation, Circulation, Respiration, Eigenwärme, in den verschiedenen Secreten eingehend besprochen, bleibt uns noch zum Schlusse übrig zu zeigen, welchen Einfluss die genannten Momente auf den Stoffwechsel und die Ernährungsvorgänge im Allgemeinen haben.

Da wir im Körpergewicht so zu sagen ein Barometer für die Ernährungsvorgänge besitzen, aus dem wir erkennen wie bei gleichbleibender Einnahme und vermehrter Ausgabe der gesunde Körper von seiner eigenen Substanz verbraucht und umgekehrt bei gleichbleibender Einnahme und verminderter Ausgabe Substanz ansetzt, so wollen wir unserer Schlussbetrachtung die Resultate unserer Körpergewichtsbestimmung vorausschicken. Die Wägungen wurden genau um 12 Uhr Mittags, also zu Beginn des Versuchstages, vorgenommen, stets auf derselben Wage, stets vollständig entkleidet, stets nach Entleerung von Stuhl und Urin. An den Tagen, an denen nicht gebadet wurde, ist nur eine Wägung vorgenommen worden, an den Badetagen zwei, die erste um 12 Uhr unmittelbar vor dem Bade, die zweite um 2 Uhr unmittelbar nach dem Bade; zwischen der ersten und zweiten Wägung wurde weder Nahrung noch Getränk aufgenommen, noch Stuhl oder Urin entleert. In folgender Tabelle sind die Resultate der Wägungen zusammengestellt und in Curven veranschaulicht.

Gewichtsbestimmung für P.

Versuchstag	1 Körpergewicht vor dem Bade	2 Körpergewicht nach dem Bade	3 Gewichtsverlust im Bade	4 Gewichtsabnahme auf folgenden Tag	5 Mittlere Gewichtsabnahme	6 Mittlere Gewichtsabnahme	7 Unterschied beider Differenzen
1	1. Normaltag	66170						
2	2. "	66170						
3	3. "	66150						
4	1. heisses Luftbad	65150	65190	0,960	0,510			
5	2. " "	65700	65040	0,660	0,760	756	610	146
6	3. " "	65500	65150	0,850	0,560			
7	4. Normaltag	65710			0,060			
8	5. "	65700			0,010			
9	6. "	65900			0,000			
10	1. Dampfbad	65900	65000	0,900	0,400			
11	2. "	65600	65150	0,450	0,410	566	283	183
12	3. "	65360	64910	0,450	0,310			
13	7. Normaltag	65250			0,300			
14	8. "	65240						

Gewichtsbestimmung für E.

Versuchstag	1 Körpergewicht vor dem Bade	2 nach dem Bade	3 Gewichtsverlust im Bade	4 Gewichtszunahme auf folgenden Tag	5 Mittlere Gewichtsabnahme	6 Mittlere Gewichtszunahme	7 Unausgeglichene Differenz
1 1. Normaltag	68110						
2 2. "	68120						
3 3. "	68140						
4 1. beim Luftbad	68140	67350	0,750	0,590			
5 2. " "	67950	67300	0,650	0,550	660	563	97
6 3. " "	67650	67300	0,550	0,550			
7 4. Normaltag	67650			0,070			
8 5. "	67920			0,020			
9 6. "	67940			0,010			
10 1. Dampfbad	67950	67225	0,725	0,525			
11 2. "	67750	67400	0,350	0,250	492	366	126
12 3. "	67650	67250	0,400	0,325			
13 7. Normaltag	67575			0,024			
14 8. "	67505						

In Rubrik 1 stehen die Resultate der Wägungen, die um 12 Uhr vorgenommen wurden.

In Rubrik 2 stehen die Resultate der Wägungen, die um 2 Uhr (an den Badetagen nur) vorgenommen wurden.

In Rubrik 3 steht die Differenz der beiden Wägungen von Rubrik 1 und 2, oder der Gewichtsverlust im Bade.

In Rubrik 4 steht die Differenz der Wägungen von Rubrik 2 des vorhergehenden und Rubrik 1 des folgenden Tages; es ist dies die Gewichtszunahme von 2 Uhr Mittags des einen, bis 12 Uhr Mittags des folgenden Tages.

In Rubrik 5 steht der mittlere Gewichtsverlust im heissen Luftbade und Dampfbade aus Rubrik 3 berechnet.

In Rubrik 6 ist die mittlere Gewichtszunahme auf den folgenden Tag für beisse Luftbäder und Dampfbäder berechnet aus Rubrik 4.

In Rubrik 7 ist die Differenz von Rubrik 5—7, also der von

einem Tage auf den andern nicht gedeckte Verlust für heisse Luftbäder und Dampfbäder.

Ein flüchtiger Blick auf die Tabelle und die zugehörige Curve zeigt wie bei beiden Experimentatoren, bevor die Bäder genommen wurden, bei gleichbleibender Ernährungsart das Gleichgewicht im Stoffwechsel hergestellt war. Bei *F*. sank in den ersten drei Beobachtungstagen das Körpergewicht um 20 Grm., bei *H*. nahm es um 30 Grm. zu. Es sind dies Schwankungen, die wir im Vergleich mit denen, welche wir während den Badetagen finden werden, vollkommen ausser Rechnung stellen.

An den Tagen, an denen heisse Luftbäder genommen wurden, sehen wir während der 2stündigen Badeprocedur bedeutende Gewichtsverluste eintreten.

F. verlor während des 1. heissen Luftbades 960 Grm.
  „ „ 2. „   „ 660 Grm.
  „ „ 3. „   „ 650 Grm.
seines Körpergewichts oder im Mittel 756 Grm.

H. verlor während des 1. heissen Luftbades 750 Grm.
  „ „ 2. „   „ 650 Grm.
  „ „ 3. „   „ 550 Grm.
seines Körpergewichts oder im Mittel 660 Grm.

Von diesem Gewichtsverluste während des Bades wird in der unmittelbar folgenden Zeit weitaus der grösste Theil wieder ersetzt, denn zu Beginn des folgenden Versuchstages, also nach 22 Stunden, hat

F. nach dem 1. heissen Luftbade 510 Grm.
  „ „ 2. „   „ 780 Grm.
  „ „ 3. „   „ 580 Grm.
des Verlustes, oder im Mittel 610 Grm.
bereits wieder ersetzt.

H. nach dem 1. heissen Luftbade 590 Grm.
  „ „ 2. „   „ 550 Grm.
  „ „ 3. „   „ 550 Grm.
des Verlustes, oder im Mittel 563 Grm.
bereits wieder ersetzt.

Wenn wir diese Mittelwerthe von dem Gewichtsverluste im Bade abziehen, so bekommen wir die für den Badetag im Mittel ungedeckte Differenz; sie beträgt

für *F*. 146 Grm.
für *H*. 97 Grm.

Diese Zahlen stellen die Grösse des an einem Badetage erfolgten Gewichtsverlustes dar; aus der Addition dieses ungedeckten Gewichtsverlustes ergibt sich, dass durch drei anfeinander folgende heisse Luftbäder

F. sein Körpergewicht um 440 Grm.
H. sein Körpergewicht um 299 Grm. reducirte.

Dieser Gewichtsverlust von 440 resp. 29° Grm. wird in der Ruheperiode nach den heissen Luftbädern wieder ausgeglichen; es nimmt

F. im 1. Tage 70 Grm.
 im 2. Tage 10 Grm.
 im 3. Tage 10 Grm. oder
 in Summa 90 Grm. zu.
H. im 1. Tage 70 Grm.
 im 2. Tage 20 Grm.
 im 3. Tage 10 Grm. oder
 in Summa 100 Grm. zu oder

im Mittel per Tag *F.* 30, *H.* 33 Grm.

Aehnlich wie bei den heissen Luftbädern fallen die Wägungsresultate bei Gebrauch der Dampfbäder aus, doch sind hier im Allgemeinen die Gewichtsverluste während des Aufenthaltes im Bade etwas geringer:

F. verlor im 1. Bade 900 Grm.
 im 2. Bade 450 Grm.
 im 3. Bade 450 Grm.
 oder im Mittel 566 Grm.
H. verlor im 1. Bade 725 Grm.
 im 2. Bade 350 Grm.
 im 3. Bade 400 Grm.
 oder im Mittel 492 Grm.

Von dieser Gewichtsabnahme während des Bades wurde bis zum Beginne des folgenden Tages, also in den folgenden 22 Stunden, an Gewicht angesetzt:

Von *F.* nach dem 1. Bade 400 Grm.
 „ „ 2. Bade 410 Grm.
 „ „ 3. Bade 340 Grm.
 oder im Mittel 383 Grm.
von *H.* nach dem 1. Bade 525 Grm.
 „ „ 2. Bade 350 Grm.
 „ „ 3. Bade 400 Grm.
 oder im Mittel 492 Grm.

so dass für diese Bäder im Mittel eine ungedeckte Differenz, für *F.* von 153 Grm., für *H.* von 126 Grm. bleibt. — Und aus diesen Zahlen ergibt sich, dass durch drei in 3 aufeinander folgenden Tagen genommene Dampfbäder

F. sein Körpergewicht um 550 Grm.
H. sein Körpergewicht um 375 Grm. reduciren kann.

Ganz wie nach den heissen Luftbädern tritt auch an den Ruhetagen nach den Dampfbädern wieder ein langsames Steigen des Körpergewichts ein.

Die Grösse des Gewichtsverlustes bei den zwei Badearten lässt keinem Zweifel Raum, dass eben durch diese Badeproceduren ganz wesentliche Alterationen im Stoffwechsel bedingt werden. Die Art, wie sich dieser Gewichtsverlust auf den folgenden Tag schon wieder grösstentheils ersetzt, führt uns den Fragen entgegen: 1) Wodurch wird dieser Gewichtsverlust bedingt? und 2) Warum wird der weit grössere Gewichtsverlust, der während der heissen Luftbäder erzeugt wird, auf den folgenden Tag bis zu ⁵/₆ gedeckt, während der durch Dampfbad erzeugte kleine Gewichtsverlust auf den folgenden Tag nur zu ³/₄ ersetzt wird?

Die erste Frage ist bereits beantwortet durch das, was bei der Schweisssecretion gesagt wird; es kann kein Zweifel obwalten, dass weitaus die grösste Menge des Gewichtsverlustes im Bade auf Wasserausscheidung durch Haut und Lunge beruht. Doch zwei Faktoren muss ich hier noch erwähnen, der Abschuppung der Haut und der Stickstoffgasausscheidung. Für die Grösse der ersten haben wir absolut kein Maass, doch mag der hohe Gewichtsverlust im ersten heissen Luftbade und Dampfbade theilweise dadurch bedingt sein; oft habe ich gesehen, dass Masseurs an Leuten, welche wenig baden, wenn die Haut erst durch die Badeprocedur gehörig erweicht, ganz erstaunliche Mengen von Epithel abschaben. Seeger und Nowack haben ganz in letzter Zeit über die Stickstoffbilanz gearbeitet und Resultate gefunden, die den bekannten von Ranke theilweise sehr widersprechen. — Wir müssen es weiteren Versuchen überlassen, die Richtigkeit festzustellen; doch sei hier nur erwähnt, dass wenn wir uns die Werthe, die sie beim Hunde gefunden, die Stickstoffgasausscheidung für den Menschen berechnen, wir ganz respectable Zahlen finden. — Es liegt immerhin der Gedanke nahe, dass bei Badeproceduren wie die unsrigen, die die Thätigkeit von Haut und Lungen so sehr steigern, auch die Stickstoffgasausscheidung auf diesem Wege gesteigert wird und darin vielleicht auch ein Grund für die niedere Harnstoffmenge an den ersten Badetagen zu suchen ist. -

Dadurch, dass der Körper in den dem Bade folgenden 22 Stunden seine Wasserabgabe durch Lunge, Haut und Nieren vermindert, sehen wir, dass schon nach dieser Zeit weitaus der grösste Theil des im Bade erzeugten Gewichtsverlustes ausgeglichen ist. Wir wollen, da die einzelnen Beobachtungen zu sehr schwanken, nur die Mittelwerthe betrachten. F. verliert im Durchschnitt im heissen Luftbade 756 Grm., ersetzt auf folgenden Tag 610, bleibt Rest 146 Grm. H. verliert im Durchschnitt im heissen Luftbade 560 Grm., ersetzt auf folgenden Tag 563, bleibt Rest 97 Grm.

Bei F. ist also im Mittel 146 Grm., bei H. 97 Grm. im Badetag an Körpergewicht verloren gegangen, die sich nicht auf den folgenden Tag ersetzen, und Alles wird die Annahme stützen, dass diese Grössen nicht durch Wasserverlust bedingt sind, sondern dass wir in ihnen ein Maass für die Körperbestandtheile finden müssen, welche bei dem modificirten Stoffwechsel zersetzt und ausgeschieden wurden. Nur durch diese Annahme wird es erklärlich, warum unser Körper in den drei Tagen, die den heissen Luftbädern folgen, nicht die ganze Summe des Gewichtsverlustes von 440 resp. 290 Grm. mit einem Male deckt, da er ja im Stande ist, durch Einschränkung der Wasserabgabe im Mittel 610 resp. 563 Grm. pro die zu decken, eine Zahl, die weitaus hinreichen würde, schon am ersten Tage unser Körpergewicht auf das Anfangsniveau zu erheben. — Statt dessen ersetzen wir an diesen drei Tagen im Durchschnitt nur 30 resp. 33 Grm. und nur ganz langsam erhebt sich in diesen drei Tagen die Curve unseres Körpergewichts.

Noch auffallender sind die Verhältnisse, wie wir sie bei den Dampfbädern beobachten. F. verliert im Mittel in einem Bade 566 Grm., H. 492 Grm. und man sollte denken, dass F. und H., die nach dem heissen Luftbade im Stande waren, auf den folgenden Tag 610 Grm. und 563 Grm. auszugleichen, zum mindesten die Dampfbäder ohne unausgeglichenen Gewichtsverlust ertragen könnten; statt dessen sehen wir aber, dass *F*. nur 383 Grm. und *H*. nur 366 Grm. auf den folgenden Tag ausglich; dass also in den Dampfbädern, obgleich der absolute Gewichtsverlust im Bade beträchtlich kleiner war als bei den heissen Luftbädern, doch die ungedeckte Differenz weit grösser ist, nämlich bei *F*. 183 Grm., bei *H*. 120 Grm.

In den Tagen nach den Dampfbädern erhebt sich die Curve wie nach den heissen Luftbädern nur äusserst langsam.

Wir erkennen in diesen Verhältnissen eine weitere Stütze für unsere Behauptung, dass wir in der ungedeckten Differenz die Menge der unter dem Einflusse der Bäder zersetzten Gewebsbestandtheile finden müssen.

Wenn wir auch leider noch weit davon entfernt sind sagen zu können, welche Stoffe unter dem durch die Bäder modificirten Stoffwechsel vorzüglich zerfallen und ausgeschieden werden und so die Grösse der ungedeckten Differenz bedingen, so gestatten fremde wie auch eigene Beobachtungen und Untersuchungen uns doch den Schluss, dass sowohl die Fette als auch die stickstoffhaltigen Gewebsbestandtheile es sind, die einem raschen Zerfalle unterliegen.

C. Voit, Pflüger, Zuntz, Röhrig haben nach Kältereiz, der die Hautnerven traf, reflectorisch Vermehrung der Kohlensäurebildung beobachtet und daraus den Schluss gezogen, dass dadurch der Zerfall der Fette beschleunigt wird. — Ebenso ist es vielfach erwiesen, dass Steigerung der Körpertemperatur durch heisses Bad ebenfalls die Kohlensäureausscheidung auf Kosten des schnelleren Zerfalls der Fette vermehrt.

Beide Momente, sowohl die Erhöhung der Körpertemperatur als auch der Kältereiz spielen während unseren Bädern eine grosse Rolle, und wir werden nach dem Resultate so namhafter Forscher auch eine Vermehrung des Fettzerfalles bei unsern Bädern annehmen dürfen.

Unsere eigenen Beobachtungen beschränken sich auf die Untersuchung der Endproducte der stickstoffhaltigen Körperbestandtheile, und darin stimmen wir mit dem, was bereits über die Wirkung der Dampfbäder bekannt war, vollständig überein. —

Wir fanden eine Vermehrung des Harnstoffs und der Harnsäure, die ganz bedeutend ist an den Tagen der Dampfbäder, weniger bedeutend an denen der heissen Luftbäder, und die sich noch über mehrere Tage hinaus verfolgen lässt — und wir werden daraus ganz direct den Schluss ziehen dürfen, dass *durch die Dampfbäder der Stoffwechsel der stickstoffhaltigen Substanz ganz energisch beschleunigt wird, während durch die heissen Luftbäder eine geringere Beschleunigung angeregt wird.* — *Bei den Dampfbädern sahen wir die tägliche Harnsäuremenge auf das Dreifache, bei den heissen Luftbädern auf das Doppelte des Normalwerthes ansteigen.*

Sicher hätten wir an den Badetagen auch mehr Harnstoff ausgeschieden, hätte nur unser Körper durch hinreichende Wasserzufuhr die Möglichkeit gehabt, allen gebildeten Harnstoff aus den Geweben auszuspülen. Es wurde offenbar eine ziemliche Menge bei uns zurückgehalten, die erst an den Tagen nach den Bädern zur Ausscheidung kommen konnte (Bartels).

Wenn wir auch aus der vermehrten Harnstoffausscheidung an den Ruhetagen deshalb keinen sicheren Schluss auf eine fortbestehende Beschleunigung des Stoffwechsels nach den Badetagen ziehen können, so zeigt uns doch die bestehende bedeutende Vermehrung in der Harnsäureausscheidung, die über drei Tage hinaus sich noch deutlich zeigt, dass eine solche zweifellos besteht. — Die bedeutende Vermehrung der phosphorsauren und schwefelsauren Salze an den Badetagen und noch einen Tag später spricht auch dafür, dass eben durch die Bäder der Stoffwechsel beschleunigt wird.

Bei dieser grossen Aehnlichkeit in den Stoffwechselvorgängen bei beiden Bädern müssen wir doch auf eine wesentliche Differenz aufmerksam machen. — Addiren wir nämlich den Gewichtsverlust im Bade zu der Urinausscheidung an den Tagen, so ist die Zahl an den Tagen der heissen Luftbäder weit höher als an den Tagen der Dampfbäder und der Schluss nahliegend, *dass in dem heissen Luftbade der Kreislauf des Wassers mehr beschleunigt wird als an den Tagen der Dampfbäder.*

Vergleichen wir dagegen die ungedeckten Differenzen, so werden wir zu dem Schlusse gedrängt, *dass durch Dampfbäder*

der Umsatz der Körperbestandtheile schneller erfolgt als durch heisse Luftbäder. Dafür spricht auch die stärkere Vermehrung der Endproducte des Stoffwechsels durch erstere.

Dieser Unterschied in Beschleunigung des Stoffwechsels erklärt sich leicht. — Das den Stoffwechsel beschleunigende Agens ist in beiden Badarten der intensive Hautreiz (Röhrig, Zuntz) und die Temperatursteigerung (Liebermeister). Von beiden Faktoren ist es über allen Zweifel erhaben, dass sie den Zerfall der Gewebsbestandtheile beschleunigen, die Ausscheidungsproducte vermehren, das Körpergewicht herabsetzen. Im Dampfbade ist diesen beiden Faktoren der Körper fast wehrlos preisgegeben; seine Temperatur steigt schnell, und die Folge muss ein schneller Zerfall der Gewebsbestandtheile sein; im heissen Luftbade dagegen kann der Körper wohl dem Stoffwechsel beschleunigenden Einflusse des Hautreizes nicht entgehen, doch kann er durch bedeutende Verdunstung seine Eigenwärme ziemlich normal halten, und wir werden in Folge dessen einen geringen Zerfall der Gewebsbestandtheile, doch einen stärkeren Verbrauch von Wasser finden müssen.

Zum Schlusse bleibt mir nur noch übrig einige Worte hinzuzufügen über die Verschiedenheit der Wirkung beider Badearten bei beiden Experimentatoren.

Wie heisse Luftbäder auf die Circulation, Respiration, Wärmebilanz und Stoffwechsel einwirken, ist des Näheren besprochen worden, und aus allen Zahlen geht zweifelsohne hervor, dass die Einwirkung der Agentien stets auf F. eine energischere war als auf H.

Schon in den drei ersten Normaltagen finden wir, dass F. auf 1 Kilogramm Körpergewicht berechnet, mehr Wasser, Albuminsäure, Kohlenhydrat aufnimmt und dem entsprechend auch mehr Wasser, Harnstoff und Harnsäure ausscheiden muss. Es stimmen diese Zahlen mit alten physiologischen Erfahrungen, dass ein kleinerer Körper verhältnissmässig schnelleren Umsatz hat als ein ähnlicher grösserer. Die Ursache ist naheliegend. Je kleiner von zwei ähnlichen Körpern der eine ist, um so grösser wird im

Verhältniss zur Masse die Oberfläche. Die Oberfläche aber ist es, welche die meiste Wärme abgiebt, deshalb wird der kleinere Körper zur Erhaltung der Eigenwärme lebhafteren Stoffwechsel brauchen. Die Oberfläche ist es auch, die in unseren Versuchen von der thermischen Einwirkung getroffen wird, und es muss deshalb ein kleiner Körper sich schneller von ihr aus erwärmen, darum wird es erklärlich sein, warum bei F. als dem cubisch genommen bedeutend kleineren die Einflüsse der thermischen Reize und der Wärmeaufnahme sich bedeutend schneller und energischer aussprechen.

So einfach und plausibel auch diese Erklärung ist, so bin ich doch weit entfernt, alle Unterschiede, die wir in der Wirkungsweise genannter Bäder bei den beiden Experimentatoren finden, durch sie erklären zu wollen. Vielmehr müssen wir noch zu ganz speciell nervösen Einflüssen, die sich bei dem einen mehr wie beim andern geltend machen, unsere Zuflucht nehmen, denn ohne sie wird es kaum begreiflich, warum bei ziemlich ähnlichen Temperaturverhältnissen im heissen Luftbade der Puls bei F. auf 126, bei H. nur auf 86 steigt, und gar im Dampfbade bei F. Zahlen von 146 erreicht werden, während H. nicht über 90 steigt, während doch die Respiration, die ja auch ganz wesentlich von der Körpertemperatur abhängt, bei F. niederer bleibt als bei H.

Nervöse Einflüsse unbekannter Art müssen wir auch annehmen um zu erklären, wie die Stoffwechselalterationen, welche durch die nur kurz dauernde Badeprocedur eingeleitet werden, über mehrere Tage hinaus sich noch geltend machen können.

Ich will es unterlassen zu suchen, auf Rechnung welcher Nervenbahnen diese Verschiedenheit der Wirkungsweise bei beiden Experimentatoren zu setzen ist und einfach die nervöse Stimmung dafür verantwortlich machen. Wenn damit auch theoretisch nichts erklärt wird, so giebt diese Annahme uns doch praktisch wichtige Fingerzeige, insofern sie uns zeigt, wie erethische Naturen die heissen Luftbäder, phlegmatische die Dampfbäder besser ertragen, und darin stimmen auch die an uns gemachten Beobachtungen mit der alltäglichen Erfahrung, die schon längst empirisch in diesem Sinne die beiden Badearten differenzirte.

Das Resumé unserer Beobachtungen dürfen wir zum Schlusse wohl in folgenden Sätzen zusammenfassen:

Wirkung der heissen Luftbäder.

Die Feinheit der Sensibilität der Haut für Berührung und Temperatur während und besonders nach dem Bade erhöht.

Diese Prüfung nicht gemacht.

Allgemeinbefinden und Kraftgefühl nach dem Bade gehoben.

Beim Eintritt Verengerung der Hautcapillaren durch thermischen Reiz, in Folge dessen Drucksteigerung im Arteriensystem und mässige Pulsbeschleunigung.

Bald darauf erweitern sich die Hautcapillaren enorm, der Blutdruck sinkt, die Herzaction steigt sehr und die Energie der Herzcontraction vermindert sich (Wärmeaufnahme).

Während der ganzen Badeprocedur (mit Ausnahme beim Eintritt in den heissen Raum und in das kalte Vollbad und Douche) hat die Haut vermehrten, die inneren Organe dagegen verminderten Blutzufluss.

Die Respiration wird in Frequenz nur unbedeutend vermehrt.

Die Rectumtemperatur erhält sich lange auf der Norm, erst nach 30 Minuten Aufenthalt im heissen Raume steigt sie um einige Zehntel. Beim Eintritt sinkt die Axillatemperatur um mehrere Zehntelgrad, steigt aber alsbald wieder und erreicht die Höhe der Rectumtemperatur, oder übersteigt sie selbst um wenige Zehntelgrad.

Wirkung der Dampfbäder.

Die Feinheit der Sensibilität der Haut für Berührung, faradischen Reiz und Temperatur während und besonders nach dem Bade erhöht.

Die Ansprechsfähigkeit der Muskeln auf faradischen Reiz erhöht, ihre Kraft mit dem Dynamometer gemessen, herabgesetzt.

Allgemeinbefinden und Kraftgefühl nach dem Bade gehoben.

Beim Eintritt Verengerung der Hautcapillaren durch thermischen Reiz, in Folge dessen Drucksteigerung im Arteriensystem und beträchtliche Pulsbeschleunigung.

Bald darauf erweitern sich die Hautcapillaren enorm, der Blutdruck sinkt, die Herzaction steigt rapide, und die Energie der Herzcontraction vermindert sich (Wärmeaufnahme).

Während der ganzen Badeprocedur (mit Ausnahme beim Eintritt in den Dampfraum und in das kalte Vollbad und Douche) hat die Haut vermehrten, die inneren Organe dagegen verminderten Blutzufluss.

Die Respiration wird in Frequenz nur unbedeutend vermehrt. Die vitale Capacität und der pneumatometrische Druck etwas herabgesetzt.

Vom Eintritt in den Dampfraum steigt die Körpertemperatur, ziemlich schnell im Rectum, ganz rapide in der Axilla; bis letztere die erstere um circa 1° C. überragt; die Rectumtemperatur erhebt sich bis 2° C. über die Norm.

Sehr starke Schweissbildung.

An den Badetagen ist die Urinmenge bedeutend vermindert, das specifische Gewicht bedeutend vermehrt, die Harnstoffabsonderung am ersten Tage (Retention) vermindert, sonst ziemlich gesteigert. Harnsäure auf das Doppelte vermehrt.

Die Harnstoff- und Harnsäurevermehrung lässt sich auch nach den Badetagen über mehrere Tage verfolgen und nimmt von Tag zu Tag ab.

Fehlt Beobachtung, doch vermuthen wir dasselbe Verhalten.

Bedeutende Beschleunigung des Wasserkreislaufes, mässig beschleunigter Umsatz der Körperbestandtheile; daher kann durch drei Bäder hinter einander das Körpergewicht nur wenig reducirt werden.

Schweiss weniger reichlich.

An den Badetagen ist die Urinmenge vermindert, das specifische Gewicht bedeutend vermehrt, die Harnstoffabsonderung am ersten Tage (Retention) vermindert, sonst beträchtlich vermehrt, Harnsäure auf das Dreifache vermehrt.

Die Harnstoff- und Harnsäurevermehrung lässt sich auch nach den Badetagen über mehrere Tage verfolgen und nimmt von Tag zu Tag ab.

Phosphorsaure und schwefelsaure Salze ebenfalls an den Badetagen und den darauf folgenden vermehrt.

Wasserkreislauf weniger beschleunigt; — sehr beschleunigter Umsatz der Körperbestandtheile, — es kann durch drei hinter einander genommene Bäder das Körpergewicht vorzüglich reducirt werden.

ZWEITER THEIL.

Ueber die Indicationen und den Gebrauch der heissen Luft- und Dampfbäder.

I.
Die Indicationen der heissen Luft- und Dampfbäder.

Die eingreifenden Veränderungen der physiologischen Verrichtungen des Organismus, welche durch die Bäder in heisser Luft oder durch Dampfbäder angeregt werden, lassen schon von vornherein die Mannichfaltigkeit ihrer Verwendung vermuthen.

Aus den Experimenten ist ersichtlich, wie die Wirkungen der beiden Bäderarten, welche am Schlusse im Resumé noch kurz zusammengefasst wurden, theilweise sehr stürmische und den Organismus erschütternde sind, so dass sie nicht allein ein sehr wichtiges und mächtiges, sondern auch unter Umständen ein gefährliches Heilmittel ausmachen müssen.

Doch nicht allein als Heilmittel gegen schon bestehende Krankheiten sind diese Bäder von besonderer Wichtigkeit; ihre Bedeutung wird eine noch viel grössere, wenn sie als diätetisches Mittel zur Pflege und Unterhaltung der Gesundheit, oder als prophylaktisches zur Bekämpfung und Abweisung etwa drohender Krankheiten zur Verwendung kommen.

Wir werden demnach unsere fraglichen Bäder nach drei Beziehungen zu beleuchten haben; und zwar: als Mittel zur Pflege und Erhaltung der Gesundheit; als Mittel zur Heilung von Krankheitsanlagen und gegen drohende Erkrankungen und als Mittel gegen schon bestehende und mehr oder weniger eingewurzelte Krankheiten.

Zuvor jedoch müssen noch die Unterschiede der beiden Bäderarten genauer erörtert werden, denn obgleich die endlichen Wirkungen der beiden Bademethoden sich sehr nahe berühren, so sind sie doch in der Art und Intensität der einzelnen Effekte so sehr auseinandergebend, dass sie im gegebenen Falle in ihrer Anwendung strenge von einander getrennt werden müssen und der einen Badeweise der Vorzug vor der andern zuerkannt werden muss. Die Verschiedenheit beruht im Allgemeinen in dem grösseren oder geringeren Reize auf die Hautnerven und in der Wärmeaufnahme, welche die einzelnen Symptome auslösen.

Ein Blick auf die Tabellen, in welchen diese Wirkungen graphisch dargestellt sind, lässt sofort die mildere Wirkung der heissen Luftbäder gegen die vehementere der Dampfbäder in die Augen fallen. Das Dampfbad ist eingreifender und wirksamer als das heisse Luftbad; es werden in ihm die nämlichen Erscheinungen in kürzerer Zeit und in intensiverer Weise erreicht, als in der heissen Luft.

Die Körpertemperatur wird im Dampfbad in wenigen Minuten zu einer Höhe gesteigert, welche sie im heissen Luftbad nach stundenlanger Dauer nicht erreicht. Puls und Respiration werden im Dampfbad schon von Anfang des Bades an so beschleunigt, wie es im heissen Luftbad nach längerem Verweilen kaum geschieht.

Es wird desshalb auch das heisse Luftbad ceteris paribus längere Zeit ertragen werden, als das Dampfbad.

Der endliche Verlust an Körpergewicht ist im russischen Dampfbad grösser als im heissen Luftbad, weil er in ersterem sich nur langsam wieder ersetzt, und in letzterem sich schneller wieder ausgleicht. Die Ausscheidung wichtiger Verbrennungsprodukte als Maass für den Stoffwechsel (Harnstoff und Harnsäure als Maass der Verbrennung der Eiweisskörper) ist nach den Dampfbädern bedeutender, als nach dem heissen Luftbad.

Aus diesen wenigen Momenten ergibt sich, dass Dampfbäder im Allgemeinen für kräftige, mehr resistente, nicht leicht erregbare Constitutionen indizirt sind, die heissen Luftbäder für schwächere, leichter erregbare und weniger resistente Constitutionen. Das Dampfbad wird sich besonders für Individuen im kräftigsten Mannesalter eignen, das heisse Luftbad dagegen bei Greisen und sehr jugendlichen und zarten Individuen seine Verwendung finden.

Beide Bäderarten sind gründliche Reinigungsmittel und darauf beruht besonders ihre Bedeutung, welche sie für die Pflege und Erhaltung der Gesundheit, als *diätetische Mittel* haben.

In keinem Bade wohl wird die Reinigung der Haut von Fett, Staub, vertrockneter Epidermis u. s. f. so durchgreifend erzielt, wie in diesen Schwitzbädern.

Der der Haut mächtig entströmende Schweiss und im Dampfbade noch der auf die Körperoberfläche sich niederschlagende Wasserdampf erweichen die der Haut anhaftenden Unreinlichkeiten, so dass sie durch die folgenden Bearbeitungen mit Seife und Frottirstoff, mit Duschen und Vollbädern vollkommen entfernt werden können. Die Haut fühlt sich nach einem solchen Bade frisch und sammtartig weich an.

In keinem anderen Bade ist die physiologische Hautpflege eine gleich rationelle und die Wichtigkeit der gesundheitsgemässen Unterhaltung der normalen Hautfunktionen wird um so leichter verständlich, wenn wir die Wechselwirkung, in welcher sie zu den Funktionen innerer Organe des Körpers, wie der Lungen und der Nieren stehen, uns ins Gedächtniss zurückrufen.

Die Bedeutung, welche Badeanstalten überhaupt für den allgemeinen Gesundheitszustand und die Wohlfahrt des Volkes haben, ist bekannt. Auch bei der militärischen Gesundheitspflege hat man von Einrichtung regelmässiger Badegelegenheiten für die Truppen den wesentlichsten Einfluss auf den durchschnittlichen Gesundheitszustand (resp. Krankenstand) beobachtet. Die Ansicht, dass die Reinlichkeit in direktem Verhältniss zur durchschnittlichen Gesundheit steht, wurde von Liebig in der Weise ausgedrückt, dass er aus dem Verbrauch an Seife auf die Culturhöhe der Völker einen Schluss zog. (Ranke, Grundzüge der Physiologie der Menschen.)

Auch aus dem sonst gebräuchlichen Namen dieser Schwitzbäder: „russische Dampfbäder und türkische (römisch-irische) Luftbäder" möchte auf ihre Bedeutung, welche sie als diätetische Mittel haben, ein Schluss gezogen werden dürfen, weil diese die nationalen Mittel der Gesundheitspflege, wie sie bei ganzen Völkerschaften von Alters her sich erhalten haben, bezeichnen. —

Dies Wenige möchte genügen, um den Werth der Bäder als diätetische Mittel in das richtige Licht zu setzen.

Die Wichtigkeit dieser Bäder wird aber nur um so grösser, wenn wir sie als Vorbauungsmittel zur Verwendung bringen können, zur Abwehr *herannahender Krankheiten*, zur *Tilgung schon bestehender* (erworbener oder angeborener) *Krankheitsanlagen*, gegen Störungen des Stoffwechsels, welche ohne noch zu prägnanten Symptomen einer bestimmten Krankheit Veranlassung gegeben zu haben, bei ihrer Fortdauer aber eine solche in sichere Aussicht stellen.

Da der Heilprozess beim Gebrauche von Badekuren wesentlich in dem durch sie modifizirten Stoffwechsel zu suchen ist, der als Grundbedingung des normalen Lebens anzusehen, in der Krankheit aber (und fügen wir hier bei, auch in den Krankheitsanlagen schon) zum Theil unbekannte Veränderungen erfahren hat (Röhrig: Physiologie der Haut), so muss die Wichtigkeit, welche unseren Schwitzbädern in der Behandlung solcher Störungen des Stoffwechsels zukommt, gewiss deutlich werden.

Wie vielfältig sind nicht, um nur ein Beispiel anzuführen, die Krankheitskeime, welche in den Organismus niedergelegt werden, durch die in Folge mangelhafter Pflege der Haut erhöhte Neigung zu Erkältungen. Dass diese krankhafte Disposition, welche in einer gesteigerten verzärtelten Erregbarkeit der sensibeln Hautnerven ihren Grund hat, durch den rationellen Gebrauch der heissen Luft- oder Dampfbäder gehoben werden und der Organismus gegen selbst heftige Temperaturschwankungen unempfindlicher gemacht werden kann, ist eine Erfahrung, die ebenso alt ist, als das Bestehen dieser Bäder selbst.

Wie intensiv der regelmässig fortschreitende Stoffwechsel, die Grundbedingung einer guten Gesundheit, wie kräftig die Aussonderung alter, verbrauchter und die Anlage neuer Gewebstheile und Säfte durch die Einwirkung der schweisstreibenden Bäder gefördert werden, ist aus unseren Experimenten deutlich. Die stets bedeutend vermehrte Ausscheidung der Harnsäure und des Harnstoffs, der Schlacken des Stoffwechsels, deren Aussonderung das Barometer für den richtigen Fortgang desselben abgeben, ist eine der wesentlichsten Wirkungen dieser Bäder, welche zugleich den Ausbruch constitutioneller Krankheiten insbesondere der Gicht, die in so vielen Fällen der erblichen Anlage ihr Entstehen verdankt, anfhalten oder ganz verhüten muss.

Das Gefühl allgemeiner Erfrischung, neuer Belebung, erhöhter Energie und gesteigerte Esslust ist die Jedem, der diese Bäder richtig gebraucht hat, bekannte nächste Wirkung. Nicht mit Unrecht werden sie deshalb auch als Verjüngungsmittel, oder als Mittel, welche das Altwerden verzögern, angepriesen.

Als lebendige Beweise für die die Gesundheit erhaltende und vor Krankheiten schützende Wirkung dieser Bäder mögen u. A. unsere Badewärter dienen, welche Jahr aus, Jahr ein in diesen Bädern beschäftigt sind und in den hohen Temperaturen der einzelnen Abtheilungen sich viele Stunden lang aufhalten. Diese Leute erfreuen sich stets einer ausgezeichneten Gesundheit und erreichen alle ein hohes Alter.

Nachdem wir im Vorhergehenden die grosse Bedeutung, welche unsere Bäder für Gesundheitspflege und für die krankhaften Anlagen und die Verhütung von Krankheiten haben, berührt, erübrigt noch die Besprechung der Wichtigkeit, welche sie gegen schon *bestehende und mehr oder weniger eingewurzelte Uebel* haben.

Bevor wir zu der Besprechung der einzelnen Krankheitsgruppen übergehen, müssen jedoch noch einige allgemeine Gesichtspunkte, welche nothwendige Bedingungen für die Anwendung der Bäder ausmachen, vorausgehen.

Es ist wohl selbstverständlich, dass es sich bei den hier in Frage kommenden Krankheiten nur um *chronische* und *fieberlose* handeln kann.

Aus der die ganze Constitution alterirenden Wirkung dieser Bäder erhellt ferner, dass das grösste Contingent von den constitutionellen Krankheiten, den *Constitutionsanomalien* geliefert wird, bei welchen es darauf ankommt das gestörte Gleichgewicht der Säfte des Körpers wieder herzustellen. Oder es wird sich darum handeln die krankhafte Funktion eines Organes zu corrigiren, oder die in Folge der perversen Säftemischung eingetretene anatomische Veränderung eines Organes zu verbessern oder zu beseitigen, insofern es noch durch den im Bade gesteigerten Stoffwechsel möglich ist.

Eine weitere für den Erfolg der Bäder wesentliche Bedingung ist die, dass der Badende zur Ausgleichung ihrer intensiven Wirkungen noch eine gewisse Resistenz und Reaktionskraft besitze. Der Badende darf durch die Krankheit nicht schon zu sehr geschwächt sein; hohes Alter, grosse Schwäche und Gebrechlichkeit verbieten entweder die Bäder ganz, oder sie modifiziren ihre Anwendung in wesentlichen Punkten.

Um in dem Folgenden allzuhäufige Wiederholungen bezüglich der Art der Wirkungen der Bäder, der Wahl einer Badeart vor der andern und ihrer Modifikationen u. s. w. zu vermeiden, verweisen wir auf die oben angeführte resümirende Zusammenstellung der Wirkungen und der Indikationen (S. 129).

Unter den Krankheiten, welche die Verwendung unserer Bäder, sei es als alleiniges Kurmittel, sei es nur als Unterstützungsmittel anderer Kuren, indiziren, heben wir als besonders wichtige die folgenden hervor:

1. Die chronischen rheumatischen und gichtischen Erkrankungen.
2. Die scrophulösen Erkrankungen.
3. Die Fettsucht.
4. Die constitutionelle Syphilis.
5. Gewisse Krankheiten der Respirationsorgane.
6. Gewisse Krankheiten des Herzens.
7. Erkrankungen einzelner Organe des Unterleibs.
8. Erkrankungen des Nervensystems.
9. Hautkrankheiten.
10. Krankheiten der Knochen, der Gelenke und ihrer Bänderapparate.

Die chronisch rheumatischen und gichtischen Erkrankungen.

Um die Wirkung unser fraglichen Schwitzbäder auf die durch Rheumatismus oder Gicht entstandenen Constitutionsanomalien zu erklären, möge eine kurze Darstellung der Entstehung und des Wesens beider Krankheiten vorausgehen. Während die Theorie über die Entstehung der rheumatischen Erkrankungen noch nicht zum klaren Abschluss gelangt ist, steht sie, was die gichtischen Erkrankungen anbelangt, auf weit sicherer Basis. Für beide wird ein Uebermaass von Säure im Blute als materia peccans angesehen;

beim Rheumatismus soll es die Milchsäure sein, bei der Gicht ist es die Harnsäure.

Die übermässige Bildung der Milchsäure und die Entstehung des Rheumatismus erklärt Beneke in seinen balneologischen Briefen wie folgt:

Unter dem Einfluss einer wie immer herbeigeführten Innervationsstörung des Muskelstoffwechsels erfolgt ein rascherer Zerfall des Muskeleiweisses, als es normaliter stattbaben sollte, ähnlich wie ein solcher Zerfall von Albuminaten in Folge von Innervationsstörungen das Fieber einleitet. Die Folge davon ist eine reichliche Bildung von Muskelzucker und weiterhin von Milchsäure und deren Abkömmlingen. Genügt jetzt der Vorrath von alkalischen Basen (insonderheit Kali) um die in so abnormer Menge producirte Menge von Milchsäure zu neutralisiren, so kann die Störung vielleicht ohne bedeutendere Folgen ausgeglichen werden. Fehlt es dagegen an alkalischen Basen, oder ist der Vorrath an unorganischen und organischen Säuren im Körper bereits abnorm gross, so werden die Milchsäure oder deren Derivate als solche in das Blut gelangen und nunmehr Ursache werden können zu den entzündlichen Erscheinungen an den bindegewebigen Theilen der Gelenke, des Herzens, der Hirnhäute u. s. w.

Ein pathologisch gesteigerter Zerfall der Muskelstoffe in Folge von Innervationsstörungen des Muskels, Ueberproduktion von Milchsäure und mangelnde Neutralisation derselben, in Folge eines Mangels an alkalischen Basen, entzündliche Erscheinungen endlich an bindegewebigen Theilen in Folge der Reizung derselben durch die Milchsäure oder deren Derivate, würden demnach die kettenartig verbundenen Elemente sein, aus denen sich der Rheumatismus entwickelt.

Was für das Wesen des acuten Rheumatismus gilt, muss wohl auch für das der chronischen Form angenommen werden. Die so häufige direkte Entwickelung der chronischen Form aus der acuten sprechen dafür, sowie die für beide Formen letzten veranlassenden Ursachen, welche in der durch Erkältung erzeugten Innervationsstörung zu finden sind. Für die chronische rheumatische deformirende Gelenkentzündung namentlich wird der lang dauernde Fortbestand dieser genetischen Momente zur Entstehung der bedeutenden Verbildungen in Folge der andauernden örtlichen Reizung des Bindegewebes Veranlassung geben. In beiden Formen finden sich die sauren Schweisse und der hohe Säuregrad des Harns.[1]

Ueber das Wesen der gichtischen Constitutionsanomalie herrscht seit der Arbeit von Garrod weniger Zweifel. Als Materia peccans ist hier die Harnsäure zur Gewissheit geworden, welche der krankhafte Stoffwechsel in vermehrter Menge erzeugt, indem er zugleich die Lösungsfähigkeit der Säfte für dieselbe vermindert. (Garrod, Ziemssen.)

Die wohlthätige Wirkung der Dampfbäder sowohl, als der römisch-irischen Bäder auf Rheumatismus und Gicht bedarf wohl keiner besonderen Begründung, nach dem was in den obigen Capiteln über Stoffwechsel, Circulation und Respiration, Innervation gesagt ist.

Die bedeutende Zunahme von Milchsäure im Schweiss und die so sehr gesteigerte Absonderung der Harnsäure im Urin machen hier die wesentlichsten therapeutischen Momente beider Badeweisen aus. Der energisch gesteigerte Stoffwechsel und die dadurch erzielte vollständigere Verbrennung dieser Säuren beschleunigt die Besserung und Heilung, besonders wenn in der gleichzeitig zu beobachtenden Diät die weitere zu reichliche Zufuhr jener Nahrungsmittel beschränkt wird, welche die Bildung von Harnsäure begünstigen.

Ausser dieser wohlthätigen Wirkung auf den Stoffwechsel bei rheumatischen und gichtischen Individuen ist nicht zu unterschätzen, dass in Folge der durch die Bäder erhöhten Energie und Widerstandskraft der Hautnerven gegen atmosphärische Einflüsse Erkältungen seltener werden müssen, welche nicht allein häufig die letzten veranlassenden Ursachen zum Ausbruche der Erkrankung bilden, sondern besonders bei Rheumatismus durch ihre öftere Wiederholung die Grundlage der ganzen Stoffwechselerkrankung ausmachen.

Von ganz besonderer Wichtigkeit für die Behandlung der Gicht insbesondere ist die durch unsere Bäder erzielte Abnahme des Fettpolsters, mit welchem solche Kranke oft gesegnet sind; da Fett die Bildung der Harnsäure sehr begünstigt.

---

[1] Beneke, Balneologische Briefe. S. 79 ff.

Es ist deshalb auch eine der ersten ärztlichen Verordnungen für Gichtkranke und solche welche Neigung zur Gicht haben, Gymnastik zu machen, weil Aktion, Muskelübungen, zweckmässige Körperbewegungen die Verdauungsthätigkeit anregen, den Blutlauf der Venen theils direkt fördern, theils indirekt durch die Steigerung der Athmung und der damit verbundenen Aspiration des Körpervenenblutes. Durch die gesteigerte Athmung wird mehr Kohlensäure ausgesondert, deren Anhäufung im Blute zur Erregung der vasomotorischen Centren, zur Verengerung der kleineren Arterien und dadurch zur venösen Stauung führt.

Die im Kapitel über den Stoffwechsel besprochenen Wirkungen unserer Schwitzbäder zeigen zur Genüge, wie mächtig sie auf diesen wirken, so dass die russischen Bäder sowohl, wie die römisch-irischen in Fällen, wo Körperbewegung nicht möglich ist einen vollen Ersatz für diese leisten können, in anderen Fällen eine wesentliche Unterstützung sind.

Die Erhöhung der Temperatur, die Beschleunigung der Circulation, die beträchtliche Abnahme des Körpergewichts wie sie als die elementaren Wirkungen dieser Bäder sich uns dargestellt haben, sind die Zeichen des vermehrten Stoffumsatzes und müssen die nämlichen Erfolge erzielen, wie die activen Muskelübungen. Zugleich wird durch die in diesen Bädern üblichen Knetungen und Reibungen, durch die Veränderungen des Blutstromes in Folge der im Bade auf den Körper einwirkenden wechselnden Temperaturen die Circulation energisch stimulirt.

Auf die nach wiederholten Anfällen von Gicht und Rheumatismus in und um die Gelenke übrig bleibenden Ablagerungen, durch welche Verkrümmungen und Dislokationen verursacht werden, auf die entzündlichen Residuen in den umliegenden Geweben und den Sehnen wirken die Bäder lokal als kräftige Hautreize sowohl wie durch ihren Gesammteffekt auf die ganze Constitution als die Aufsaugung befördernde Hilfsmittel. Als kräftiger Hautreiz wirken wieder die abwechselnden Temperaturen im Dampf oder in der heissen Luft, im Vollbad oder unter der Brause und Dusche und die sonst noch üblichen Manipulationen nach Bedürfniss mehr oder weniger intensiv und für die die Resorption anregenden Eigenschaften des Bades ist die vermehrte Wasserausscheidung, wie sie sich in erster Linie im Verlust des Körpergewichtes ausdrückt, der nicht zu bezweifelnde Releg. — Gegen die den Rheumatismus und die Gicht complicirenden Erkrankungen wie chronische Entzündungen der Schleimhäute, chronische Bronchitis, Pharyngitis und Pharyngo-Laryngitis sind die Schwitzbäder ein einflussreiches Heilmittel.

Wir werden auf diese letzteren Erkrankungen, sowie auf die complicirenden Herzleiden insofern sie die Verwendung unserer Schwitzbäder gestalten oder verbieten, weiter unten zurückkommen.

Scrophulosis.

Unter Scrophulose begreifen wir jene Constitutionsanomalie, welche sich darin äussert, dass die Gewebe auf eine verhältnismässig geringe schädliche Einwirkung hin zu Veränderungen von theils entzündlicher, theils hyperplastischer Natur angeregt werden, denen eine geringe Ausgleichungsfähigkeit zukommt, so dass sich leicht rückgängige Metamorphose und im Anschluss an diese Lokaltuberculose ausbildet. Da aber schädliche äussere Einwirkungen am leichtesten die Körperoberfläche treffen, so ist an dieser zumeist der primäre Sitz der scrophulösen Entzündungen, während durch die von hier den Lymphdrüsen zugeleitete Lymphe in letzteren krankhafte Vorgänge veranlasst werden. (Ziemssen's Handbuch d. spec. Path. u. Th. XIII. 42.)

Wenn wir diese Darstellung des Wesens der Scrophulose näher betrachten, so ergiebt sich die wohlthuende Wirkung der Schwitzbäder daraus von selber.

Neben dem Einfluss auf den Stoffwechsel im Allgemeinen ist es insbesondere die Wirkung der Bäder auf die Hautnerven und auf die Hautfunktionen im Allgemeinen, welche für die Scrophulose von Bedeutung wird. Die erhöhte Sensibilität der Hautnerven sowohl als die gesteigerte elektro-musculäre Contractilität der ganzen Körperoberfläche befestigen den Organismus gegen schädliche atmosphärische Einflüsse, welche bei den reaktionslosen und widerstandsunfähigeren scrophulösen Individuen so häufig Veranlassung zum Ausbruche schwerer Erkrankung werden und deshalb bei diesen so sehr vermieden werden müssen.

Grosse Vulnerabilität, mangelnde Reaktionskraft, langsamer Stoffwechsel, mit einem Wort Schwäche der einzelnen Systeme ist das charakteristische Kennzeichen scrophulöser Constitution und die Hebung der Kräfte durch Anregung des Stoffwechsels und zweckmässige Ernährung muss demnach den Ausgangspunkt für die Behandlung abgeben. Wie unsere Bäder den Stoffwechsel stimuliren ist schon des Oefteren besprochen und es möge nur hier noch besonders beigefügt werden, dass das erhöhte Nahrungsbedürfniss nach den Bädern den oft so launenhaften Appetit scrophulöser Kranker zweckmässig corrigiren wird; denn der Hunger ist ja der beste Koch.

Von welch' grosser Bedeutung eine rationelle Kultur der Haut für scrophulöse Individuen ist, haben wir oben schon erwähnt und dass Bäder, kalte Waschungen und Frottirungen der Haut die einzigen Mittel zu diesem Zwecke sind, ist wohl nicht besonders zu erörtern. Die Wirkung unserer fraglichen Schwitzbäder in dieser Beziehung ist bekannt. Ferner ist als directe Folge der schnelleren Circulation des Blutes und der vermehrten Respirationsbewegungen, welche in den Schwitzbädern eintreten, hier noch die Beschleunigung des Lymphstromes von hervorragender Wichtigkeit. Letzterer wird durch die häufigen Aspirationsbewegungen des Thorax sowohl wie durch die in diesen Bädern üblichen Frottirungen gefördert; Störungen in den Lymphdrüsen und Anschwellen derselben wird durch die Bäder verhindert oder gehoben werden, und als unmittelbare Folge der besseren Ernährung wird auch die Constitution der Lymphe selbst geändert.

Durch die nahen Beziehungen zwischen Scrophulose und Tuberculose erhalten unsere Bäder eine ganz besondere Wichtigkeit, weil durch die Verbesserung der scrophulösen Constitution der Uebergang zur Tuberkulose sehr häufig wird vermieden werden können. Nur in diesem Sinne möchten wir die von anderen Autoren gepriesene heilsame Wirkung der römisch-irischen Bäder auf Tuberculosis verstanden wissen, wie es auch noch weiter unten bei dem Capitel der Behandlung der chronischen Bronchialkatarrhe zur Sprache kommen wird.

Wenn es auf die Wahl der beiden Arten von Schwitzbädern

gegen die Scrophulose ankommt, so wird sie bei der grazilen und schwächlichen Constitution solcher Kranken vorzüglich auf die Bäder in heisser Luft fallen, verbunden mit dem Gebrauche der mehr oder weniger kühlen Vollbäder.

Aber auch bei ihrer Verwendung werden zahlreiche Modifikationen für die meist jugendlichen Individuen eintreten müssen, worüber bei dem Kapitel über die Methode des Badens noch Weiteres besprochen werden soll.

Fettsucht.

Die krankhafte Fettablagerung ist eine weitere Constitutionsanomalie, welche wir hier zu besprechen haben; auch gegen sie sind die hier fraglichen Schwitzbäder ein schätzbares Heilmittel. — Wie bei den vorher besprochenen Dyskrasien ist auch hier, wenn die hier in Frage kommenden Mittel noch zur Anwendung kommen sollen, eine gewisse Summe von Reactionskraft des erkrankten Organismus eine conditio sine qua non und besonders darf die Fettauflagerung am und in dem Herzmuskel noch nicht in einem solchen Grade excessiv entwickelt sein, dass daraus bedeutende Herzschwäche entstanden ist.

Es wird uns hier auch, wie bei den vorhergehenden Anomalien nur die Aufgabe beschäftigen, welchem der Schwitzbäder, neben der sonstigen Behandlung, die Bekämpfung dieser Krankheit als passendes und energisches Hilfsmittel zufällt.

Die für uns hier wichtigen Grundsätze der Behandlung der Fettsucht sind neben dem Beobachten diätetischer Vorschriften die Vermehrung des Stoffwechsels durch Steigerung des animalen Oxydationsprocesses, durch Steigerung der Oxydationszufuhr.

Die Anregung der sämmtlichen animalen und vegetativen Funktionen, die Steigerung der Respiration und Circulation, die Erhöhung der Temperatur des Körperinnern sind Symptome einer lebhafteren Verbrennung, als deren Maass wir wie oft schon erwähnt die vermehrte Ausscheidung der Harnsäure und des Harnstoffs zu betrachten haben. Ausserdem ist die durch die Bäder nicht unbeträchtliche Verminderung des Körpergewichts ein Beleg für die Beschleunigung des Stoffwechsels, d. i. die vermehrte Oxydation. Wird nun die Wirkung der Bäder durch die nothwendigen hygienischen und diätetischen Verordnungen unterstützt, so muss die Resorption der Fettablagerungen angeregt werden. Wenn es sich darum handelt, welchem der beiden Bäder hier der Vorzug zu geben sei, so wird man sich für die Dampfbäder entscheiden müssen, welche im Allgemeinen einen regeren Umsatz der Körperbestandtheile bewirken, während die Bäder im heissen Luftbad hauptsächlich nur die Wasserausscheidung vermehren.

Fettleibige werden auch im Dampfbade ceteris paribus länger verweilen als Magere, weil bei ersteren die Oberfläche des Körpers im Verhältniss zu seinem Volumen kleiner ist als bei letzteren; die Erhitzung des Körpers wird somit bei Fetten langsamer eintreten als bei Mageren. (Siehe oben Versuche.)

Die Befreiung des Blutes von den sog. Ermüdungsproducten (Milchsäure) macht den Fettleibigen nach dem Schwitzbade mobiler und frischer und die für ihn so nothwendige körperliche Bewegung wird ihm nicht mehr so mühsam erscheinen als vorher.

Ausser dieser directen Wirkung auf Verminderung des Fettansatzes haben die Bäder einen wesentlichen günstigen Einfluss auf Complicationen und Nachkrankheiten, welchen Fettsüchtige so oft unterworfen sind. In erster Linie ist hier die grosse Neigung zu Erkältungen zu erwähnen, denn diese sind bei Fettsüchtigen gerade so oft die Veranlassung schwerer Erkrankungen. Die grosse Neigung zum Schwitzen, welchem diese Leute unterworfen sind, machen sie für schädliche atmosphärische Einwirkungen nur noch empfindlicher. Wie die Haut durch die zweckmässig geleiteten Abkühlungen nach dem Bade abgehärtet und befestigt wird, haben wir oben schon besprochen und es ist eine angenehme Erfahrung eines Jeden, der schon diese Schwitzbäder gebraucht hat, dass nach ihnen die Secretion des Schweisses auf viele Stunden bedeutend abnimmt und das behagliche Gefühl wohlthuender Frische Tage lang andauert. — Ein Resultat des Bades, welches in der durch die Abkühlung erhöhten und einige Zeit andauernden Contractilität der musculären Elemente der Haut seine Erklärung findet.

Die gründliche Reinigung der Haut nicht allein von Schweiss, sondern auch von dem gewöhnlich reichlichen Hauttalg, welche mit abgestorbener Epidermis vermischt, sich zersetzen und Wundkein eksematöse Ausschläge und üblen Geruch veranlassen, ist eine weitere nicht zu übersehende Wohlthat dieses Bades.

Betreffs der Behandlung von Rheumatismus und Gicht, welchen Fettleibige so oft unterworfen sind, verweise ich auf das oben angegebene. Es möchte im Vorhergehenden genügend erwiesen sein, dass wir in diesen Schwitzbädern ein wichtiges Mittel besitzen, um die Ablagerung von Fett in normalere Grenzen zu beschränken.

Constitutionelle Syphilis.

Zum Belege des Werthes unserer Bäder als Hilfsmittel bei der Behandlung der constitutionellen Syphilis erlaube ich mir die Worte des Professor Bäumler anzuführen: „Was die gerühmten Wirkungen der Schwefelbäder in der Syphilis betrifft, so beruhen dieselben hauptsächlich auf Anregung des Stoffwechsels und können wohl ebenso gut durch einfache Thermal- oder durch Dampf- und heisse Luftbäder erreicht werden. (Ziemssen's Handb. der Path. u. Therap. III. S. 286.) —

Die wohlthätige Wirkung warmer Bäder bei innerer oder äusserer merkurieller Behandlung der Syphilis ist bekannt und erklärt sich durch die Anregung der Hautthätigkeit und des Stoffwechsels, wodurch die Resorption und die Ausscheidung kranker Stoffe eine lebhaftere werden muss. Anhaltender wird diese Fluxion nach der Haut durch Dampf- oder heisse Luftbäder erzielt, weshalb diese bei kräftigen Individuen voranziehen sind. Durch den grösseren und schnelleren Stoffverbrauch in diesen Bädern und den dadurch veranlassten vermehrten Eiweissverfall wird zu gleicher Zeit bei längerem Gebrauche der Bäder die Ausscheidung von Quecksilber aus dem Körper beschleunigt (Günt, Ueber den Einfluss russischer Dampfbäder auf die Ausscheidung des Quecksilbers bei Quecksilberkuren). Ferner möchte es zugleich Beachtung verdienen, dass durch die Anregung des Schweisses in unseren Bädern, welche mit reichlichem Wassertrinken noch beliebig vermehrt werden kann, die verschiedenen Gewebe gleichsam durchgewaschen werden, wodurch so gut wie andere krankmachende Substanzen auch das im Blute in irgend welcher Form haftende syphilitische Gift ausgeschieden werden könnte.

Krankheiten der Respirationsorgane.

Der chronische Katarrh der Schleimhäute der Respirationsorgane von der Nase und dem Kehlkopf bis zu den Bronchien hinunter ist ein ebenso häufiges als dankbares Heilobject für unsere Schwitzbäder und in specie für die Dampfbäder verbunden mit den warmen Piscinen und kalten Duschen.

Da diese Affectionen sehr oft Aeusserungen oder Complicationen eines constitutionellen Grundleidens, wie der Scrophulose, der Gicht oder des Rheumatismus sind, oder auch als sogenannte Erkältungskrankheiten auf einer excessiven Empfindlichkeit der Haut gegen atmosphärische Einflüsse beruhen, so fällt ihre Behandlung zugleich mit der dieser letzteren Krankheiten zusammen. —

Die Schleimhäute der Respirationsorgane werden, wie die Oberfläche des Körpers, zuerst anhaltend von der Temperatur des Bades berührt und es werden auf ihnen dieselben Veränderungen in Bezug auf Circulation und Nervenreiz erzeugt, wie auf den äusseren Bedeckungen. — Die Innervation wird gesteigert, der Zufluss des Blutes wird besonders durch die Erweiterung des capillären Netzes erhöht und hierdurch die Absonderung der Schleimhäute wesentlich verändert. — Der Schleim wird dünnflüssiger, weniger fest an den Häuten anhaftend; die Schleimhäute werden reiner und ihre Functionen normaler.

In den Dampfbädern wird diese Wirkung der Wärme noch durch die in dem Dampfe suspendirten Bläschen des Thermalwassers erhöht; die leichte Kochsalzlösung, welche hier eingeathmet wird, fördert den milden und angenehmen Reiz der Wärme und trägt zur Tonisirung der Schleimhäute wesentlich bei. —

Der Nutzen der Dampfbäder insbesondere bei der Behandlung chronischer Katarrhe der Schleimhäute der Respirationsorgane wird hiedurch deutlicher. —

Die zähen zum Theil vertrockneten Schleimmassen, welche die Nase eines z. B. an Ozaena scrophulosa Erkrankten verstopfen und ihm das Athmen nur durch den Mund möglich machen, werden gelöst und der Kranke athmet noch stundenlang nach dem Bade freier durch die Nase, bis endlich bei fortgesetzter Kur die stopfenden Schleimkrusten gänzlich verschwinden.

Von ganz besonderer Bedeutung sind ferner diese Bäder für die Behandlung der chronischen idiopathischen Bronchitis.

Die in den Bronchialröhren oft stockenden und festhaftenden Mucositäten werden durch die mit Wasserdampf gesättigte warme Inspirationsluft gelöst und leichter ausgehustet; Hustenparoxysmen und dyspnoische Anfälle werden seltener.

Von wesentlicher Wirkung für die Besserung oder Heilung chronischer Bronchialkatarrhe sind die in diesen Schwitzbädern gebräuchlichen kalten Duschen. Denn durch den plötzlichen Temperaturwechsel, wie ihn die kalten Duschen auf den im Dampfbad erhitzten Körper hervorbringen, werden kräftige und sehr tiefe Inspirationen ausgelöst, welche Luft in feinere und unwegsame Bronchialröhren treiben und dieselben wieder durchgängig machen müssen. —

Der allgemeine schon oben des öftern berührte tonisirende Effekt dieser plötzlichen Temperaturabwechslungen, die dadurch erreichte Stählung der Haut gegen Erkältung, worauf ja die so häufigen Recidive der Bronchialkatarrhe und ihre lange zähe Dauer zum grössten Theile zurückzuführen sind, bedürfen kaum mehr einer besonderen Erwähnung.

Selbst leichte Grade von Emphysem sind keine Contraindication für den Gebrauch heisser Luft- und Dampfbäder. Solche Emphysematiker fühlen sich im Gegentheil sehr angenehm und behaglich im Bade und nach demselben, in Folge der nach den Abkühlungen fortdauernden tiefen und ausgiebigen Respirationsbewegungen.

Es ist wohl überflüssig noch zu wiederholen, dass wir hier nicht von der symptomatischen Bronchitis, wie man sie bei der Tuberkulose, bei chronischer Pneumonie oder Herzkrankheiten etc. beobachtet, sprechen, sondern nur von dem idiopathischen fieberlosen chronischen Bronchialkatarrh. Doch auch dieser kann ja zu bedenklichen Folgen die Veranlassung geben, denn er ist oft der Beginn unheilbarer und zum Tode führender Krankheiten, besonders bei scrophulösen, bei mit Rheumatismus oder Gicht behafteten Individuen.

Dass durch richtig geleitete Kuren und mit der seitigen Beihilfe unserer fraglichen Schwitzbäder oft schwere und unheilbare Krankheiten, wie Infiltration der Lunge und Lungenschwindsucht z. B. verhütet werden kann, steht wohl ausser Frage, von Heilung schon eingetretener Lungenschwindsucht durch diese Bäder sind uns leider noch keine Fälle bekannt geworden.

Auf die chronisch katarrhalischen Affectionen des Kehlkopfes und seiner Umgebungen des Schlundes, des Gaumens und der Tonsillen sind die Wirkungen dieser Bäder ebenso wohlthuend, wie auf die im Vorhergehenden besprochenen Krankheiten. Chronische Heiserkeit und Stimmlosigkeit verschwinden oft schon nach einigen Schwitzbädern und gegen die chronischen entzündlichen Affektionen der Schlundorgane besitzen wir in den Dampfbädern allein sowohl, als auch besonders in Verbindung mit lokalen Thermalwasser-Gurgel-Duschen ein vorzügliches Heilmittel. —

Von ganz besonderer Wirkung sind die eben genannten Applikationsmethoden gegen hypertrophische Tonsillen, welche durch den localen Effekt des Dampfes sich von den oft zäh anhaftenden Schleimmembranen reinigen und sich verkleinern in Folge der lebhaft angeregten Resorptionsthätigkeit.

Pleuritische Exsudate bei Kranken, welche nicht an sonst verdächtigen Infiltrationen des Lungengewebes leiden und nicht fiebern, sind für den Gebrauch der heissen Luftbäder besonders von günstiger Prognose; die reine, gut ventilirte Luft dieser Bäder gestattet ein längeres Verweilen darin und eine beliebige Erhöhung der wässerigen Ausscheidungen, welche ja in den heissen Luftbädern hauptsächlich befördert wird, ohne die Respiration zu beeinträchtigen, wie dies mehr und schneller in den Dampfbädern der Fall ist, die mehr die Verbrennung der stickstoffhaltigen Gewebe anregen und auf den Kreislauf des Wassers weniger intensiv einwirken. —

Krankheiten des Herzens.

Bei der Besprechung der Herzkrankheiten, welche den Gebrauch der heissen Luft- oder Dampfbäder nicht verbieten, müssen wir vorausschicken, dass im Allgemeinen nur solche Herzaffectionen den Gebrauch der Bäder gestatten, bei welchen die Compensation nicht alterirt ist und bei welchen die nervösen Bewegungsapparate des Herzens und die Muskulatur selbst nicht dermassen erkrankt sind, dass die im Bade stattfindende Beschleunigung der Herzaction schädliche Folgen voraussehen lässt.

Nach einer langjährigen Erfahrung, welche uns auch in dieser Beziehung zur Seite steht, dürfen Kranke, die an Hypertrophie des Herzens, an mässigen Fettablagerungen in und um den Herzmuskel, an Herzneurosen leiden, die Bäder ohne Bedenken benützen. Kranke, welche deutliche Geräusche an Herzklappen und Ostien zeigen, haben in einzelnen Fällen die Bäder mit Vortheil gebraucht, und ich habe hier unter Anderem besonders einen hervorragenden Fall zu verzeichnen, welcher bei allgemeiner Fettsucht, Hypertrophie des Herzens und Insufficienz der Mitralis und unregelmässigem Puls, als Complication chronischer Gicht die Bäder seit mehreren Jahren mit Vortheil benützt hat (trotz dem ärztlichen Verbote).

Ein anderer Fall bei einem mit allgemeiner Hypertrophie des Herzens, als Complication von Morbus Brightii und allgemeiner Fettsucht möge unsere Ansicht noch weiter bestätigen. Auch von diesem Patienten wurden die Bäder jeweils mit grosser Vorliebe genommen und niemals traten im Bade irgend welche Störungen der Circulation oder der Respiration ein. Das Befinden nach dem Bade war stets das allgemeinen Wohlbehagens und grosser Frische, welches Tage lang anhielt und dem Kranken weite Spaziergänge in die Berge möglich machte.

Es ist wohl selbstverständlich, dass auch bei diesen Kranken der Grad des Leidens, sowie der allgemeine Zustand der Ernährung und der Kräfte, den Gebrauch des Bades beschränken müssen und dass im Allgemeinen die grösste Vorsicht in der Verordnung der Kur beobachtet werden muss.

Ausserdem erinnere ich an den aus der Arbeit von Kostjurin citirten Fall von Insufficienz der Valvula bicuspidal. und Arteriosclerosis (s. oben). Auch hier wurden die Dampfbäder nicht mit Nachtheil für den Kranken gebraucht.

Für die Erklärung der Wirkung der Schwitzbäder finden wir

in unseren Experimenten hinreichende Belege: Durch die Erweiterung der Blutbahn zu den in Folge der Fluxion zur Haut erweiterten Capillaren wird die Blutmenge in den inneren Organen des Körpers vermindert und die Arbeit des Herzens entlastet, die Action des Herzens wird energischer und der Herzmuskel weniger ermüdet. — Der Zunahme der Pulsschläge, welche durch das dem Herzen von der Körperoberfläche zugeführte erhitzte Blut bei längerer Dauer des Bades lästig wird, wird theils durch den ausbrechenden Schweiss, welcher durch seine Verdunstung wieder Wärme bindet, entgegengewirkt, theils durch allgemeine Abkühlungen mit Brausen und Vollbädern, wie sie überhaupt zum vollständigen Gebrauche des Bades gehören.

Erkrankungen der Organe des Unterleibes.

Die pathologischen Zustände dieser Organe, gegen welche Schwitzbäder schätzenswerthe Kurmittel abgeben, beschränken sich hauptsächlich auf die durch Hyperämie und durch chronische Entzündung veranlassten Veränderungen.

Diese Erkrankungen sind theils idiopathische, theils und zwar in den meisten hier vorkommenden Fällen Theilerscheinungen von Gicht oder Rheumatismus, von Scrophulose und Fettsucht, und von constitutioneller Syphilis.

Neben den im Allgemeinen tonisirenden Effekten dieser Bäder, der lebhafteren Anregung der Ernährung, der Resorption und Anbildung, ist ein für die Behandlung dieser Krankheiten wesentliches Moment, die Entlastung der inneren, tiefer liegenden Organe durch die veränderte Blutvertheilung, welche durch die Erweiterung und Anfüllung der Hautgefässe erzeugt wird.

Die im Capitel über die Circulation angeführten Thatsachen werden zur Erläuterung dienen.

Die mit den oben angeführten Constitutionsanomalien besonders aber der Gicht verbundene Unterleibsplethora, die hyperämisch geschwellten grossen Drüsen des Unterleibs, Leber und Milz, die congestiven Zustände der Schleimhaut des Magens und Darmkanals, Dyspepsie und chronische Katarrhe des Magens und

Darmkanals sind bekannte und dankbare Indikationen für die Anwendung der heissen Luft- und Dampfbäder.

Nicht minder günstige Erfolge werden ausserdem bei den verschiedenen Formen von chronischer Entzündung des Nierenparenchyms (Morbus Brightii) erreicht. Durch die nach der Haut erzeugte Fluxion werden die Nieren vom Blute entlastet, insbesondere wird der Blutdruck in denselben beträchtlich herabgesetzt und ihre Secretion wird bedeutend vermindert. Letzteres wird in der (in den Tabellen verzeichneten) bedeutenden Abnahme der täglichen Quantität des Urins deutlich. Besonders in jenen Fällen, in welchen die Degeneration der Nieren so weit vorgeschritten ist, dass sie die nöthige Wasser- und Harnstoffmenge nicht ausscheiden können und wo Hydrops und urämische Anfälle die nächste drohende Perspective der Kranken sind, haben wir in unseren Bädern, die ja die Wasser- und Harnstoffausscheidung durch die Haut so bedeutend vermehren, ein wichtiges Mittel, den quälenden Zustand zu erleichtern; und ist es erst zum Anasarka gekommen, so ist selbstverständlich die bedeutende Schweisssecretion ein Mittel, dasselbe zu vermindern und selbst verschwinden zu machen.

Inwiefern complicirende Krankheiten des Herzens keine Contraindication bilden, haben wir oben schon erwähnt. Wir wollen jedoch auch hier nicht unterlassen auf die ersten und schon des Oeftern erwähnten Bedingungen für den Gebrauch dieser Bäder hinzuweisen, nach welchen stets eine gewisse Summe von Reactionskraft des kranken Individuums noch erforderlich ist, wenn glückliche Resultate erreicht werden sollen.

Krankheiten des Nervensystems.

Unter den Krankheiten des Nervensystems begegnen wir in erster Linie den Neuralgien, welche in unseren fraglichen Bädern oft zur Behandlung kommen.

Die Wirkung der Bäder auf den Stoffwechsel im Allgemeinen, so wie die locale Einwirkung auf den erkrankten Nerven insbesondere entsprechen den für die Behandlung nothwendigen Gesichtspunkten, insofern wir es mit Neuralgien, welche die Folgen von Dyskrasien sind, zu thun haben oder mit solchen, welche äusseren Einwirkungen (Traumen; Schussverletzungen, Narben, Neubildungen) ihre Entstehung verdanken. Es sind die Ersteren vorzüglich Neuralgien aus rheumatischer, gichtischer, scrophulöser oder syphilitischer Ursache, ferner solche nach Bleiintoxicationen, gegen welche unsere Bäder vorzügliche Hilfsmittel abgeben. Nicht minder werthvoll sind die Bäder gegen Neuralgien, welche Theilerscheinungen allgemeiner Schwäche, Anämie, Hysterie, Hypochondrie sind, wenn durch dieselben die Ernährung im Allgemeinen gekräftigt und damit die den Neuralgien zu Grunde liegende Ernährungsanomalie beseitigt werden kann. Neuralgien, welche in Krankheiten der Centralorgane ihre Ursache haben, müssen mit Rücksicht auf diese letzteren behandelt werden und unter diesen sind es besonders die Neuralgien nach Spinalirritation, welche in vielen Fällen günstige Resultate erzielen. Unter sämmtlichen Neuralgien ist es wohl die des Nervus ischiadicus, welche hier am häufigsten zur Behandlung kommt; ihr folgen die Neuralgien des Trigeminus, der Intercostalnerven u. s. w. Auch gegen Hemicranie werden günstige Erfolge erzielt. — Ebenso erprobt sich die das Nervensystem tonisirende und die Ernährung und die Circulation anregende Wirkung dieser Bäder gegen Anästhesien und Parästhesien.

Als eine weitere Gruppe von Nervenkrankheiten, für welche die fraglichen Schwitzbäder oft gebraucht werden, lassen wir hier die motorischen Lähmungen folgen und zwar zuvörderst die motorischen Lähmungen der peripheren Nerven.

Unter diesen ist es besonders die Lähmung des Nervus facialis, welche in alten und sehr hartnäckigen Fällen noch geheilt wird. Lähmungen, welche durch Rheumatismus oder Gicht, Syphilis oder aus anderen Ursachen herrührenden Exsudaten entstanden sind, werden durch die schon oft erwähnten und bekannten Wirkungen dieser Bäder geheilt oder gebessert.

Von den Erkrankungen des Rückenmarks passen für diese Schwitzbäder besonders jene, welche durch rein functionelle Störungen, feinere Ernährungsstörungen ohne nachweisbare anatomische Veränderungen bedingt sind; ferner hyperämische Zustände des Rückenmarks und seiner Häute und endlich chronische Entzündung der Rückenmarkshäute, mit noch flüssigen Exsudaten.

Die wirksamen Momente der Bäder sind aus dem Vorhergehenden hinreichend bekannt.

Bei diesen Rückenmarksleiden insbesondere ist eine sehr sorgfältige Auswahl der Methode und grosse Vorsicht in der Verwendung der Bäder sehr zu beachten.

Zum Schlusse folgen hier noch als weitere Indicationen zum Gebrauche unserer Schwitzbäder:

Die allgemeine Nervosität und die als Hypochondrie und Hysterie genannten allgemeinen Neurosen.

Die Schwitzbäder bilden gegen diese Krankheiten in sehr vielen Fällen äusserst werthvolle Hülfsmittel durch die Hebung der Ernährung, die Tonisirung des ganzen Organismus und des Nervensystems insbesondere, wobei die Kräftigung des Willens, welcher durch die plötzliche Einwirkung sehr differenter Temperaturen auf den Körper geübt wird, von ganz besonderem Werthe ist.

Hautkrankheiten.

Wenn schon im Allgemeinen Bäder als eines der wichtigsten Heilmittel gegen Hautkrankheiten geschätzt sind, so gilt dies insbesondere von den heissen Luft- und Dampfbädern.

Wenn sie auch nicht als ausschliessliches zur Heilung hinreichendes Mittel gelten können, so sind sie gewiss in vielen Fällen ein ausgezeichnetes Hülfsmittel, besonders in solchen Hautkrankheiten, bei welchen es auf eine gründliche Reinigung der Haut, auf eine Erweichung und Entfernung vertrockneter und hypertrophischer Epidermis, auf Schmelzung verdickter Cutis und auf Entfernung von Exsudaten in dieser ankommt. In gleicher Weise werden die Bäder wohlthuend mitwirken, wo die Vitalität der Haut gestört ist, bei verringerter Absonderung der Schweiss- und Talgdrüsen sowohl, als auch bei vermehrter und bei Hautschwäche.

Den Hautkrankheiten zu Grunde liegende Säftekrankheiten wie die Scrophulose, Gicht und Rheumatismus und besonders

Syphilis indiziren den Gebrauch unserer Bäder insbesondere und es ist wohl nicht nothwendig hier zu erwähnen, dass die Methode des Badens für das Resultat von höchster Bedeutung ist und die Kunst des Arztes im Individualisiren das weiteste Feld findet.

Die bedeutend vermehrten Ausscheidungen von Wasser und Salzen, welche in den Schwitzbädern angeregt werden, müssen ebenso auf die Heilung resp. Besserung von Hautausschlägen von besonderer Wirkung sein, wie die in den Bädern erzielte Verbesserung und Erhöhung des Stoffwechsels im Allgemeinen und die kräftig angeregte elektromusculäre Spannkraft der Haut im Besonderen.

Nach dem Vorhergehenden eignen sich besonders folgende Hautkrankheiten für den Gebrauch der heissen Luft- oder der Dampfbäder: Acne, Psoriasis, Lichen, Ichthyosis, Pityriasis, Eczema und Prurigo; ferner jene krankhafte Beschaffenheit der Haut, welche sich in ihrer übergrossen Empfindlichkeit, schlechten Ernährung und Verzärtelung äussert — die Hautschwäche — welche in Folge von schon geringfügigen atmosphärischen Einflüssen Veranlassung wird zu rheumatischen, neuralgischen Beschwerden und zu Katarrhen der Schleimhäute der Respirations- und Verdauungsorgane (den sogenannten Erkältungskrankheiten).

Krankheiten der Knochen, der Gelenke und ihrer Bänderapparate, der Muskeln und Sehnen.

Die Krankheiten dieser Organe bilden mit die häufigsten Veranlassungen zur Benutzung unserer fraglichen Bäder. Sie sind in weitaus den meisten Fällen die Folge der bereits angeführten Krankheiten, wie des Rheumatismus, der Gicht, der Scrophulose oder Syphilis und ihre Behandlung fällt zum Theil mit der dieser Dyskrasien im Allgemeinen zusammen, oder sie sind idiopathischen und traumatischen Ursprungs. Sie erfordern gewöhnlich noch eine specielle locale Behandlung, wie sie übrigens durch die verschiedenen mit diesen Bädern gebräuchlichen Manipulationen und Duschen geboten werden.

Die sämmtlichen hier in Frage stehenden Krankheiten sind die Folgen noch andauernder, oder schon abgelaufener Entzündung und die schon so oft angeführten Wirkungen unserer Bäder — insofern sie auf Durchwärmung und Erweichung der erkrankten Theile, auf Regulirung der Circulation und Erhöhung der Vitalität der Gewebe und Beförderung der Resorption von Entzündungsproducten beruhen — sind die besonders in Betracht kommenden Gesichtspunkte für die Therapie.

Unter den Erkrankungen der Knochen sind es besonders die chronische Periostitis, Caries und Nekrose und Knochenabscesse, welche zur Behandlung kommen und besonders in den Dampfbädern ein erprobtes Heilmittel finden.

Die Affectionen der Gelenke als Folgen von Rheumatismus, von Gicht, Scrophulose oder Syphilis oder als Folge von acuten exanthematischen Krankheiten, von Typhus, Pyämie und Diphtheritis sowohl, wie als Folgen traumatischer Einwirkungen, Verrenkungen und Luxationen sind ein überaus häufiges Heilobject für heisse Luft- und Dampfbäder — sowohl als allgemeine auf den ganzen Organismus einwirkend, wie auch locale auf die krankhaft afficirten Theile angewendet. —

Hier besonders ist die mit den Bädern verbundene locale Behandlung durch Duschen und Knetungen von oft glänzendem Erfolge begleitet und manches Glied, welches dem Messer des Chirurgen verfallen schien, wird nach gehöriger Anwendung unserer Bäder noch gerettet.

Die glücklichsten Resultate werden bei diesen Gelenksleiden erzielt, wenn noch keine destructiven Veränderungen an den Gelenksenden oder Bändern eingetreten sind. Seröse Ausschwitzungen, Gelenkwassersucht werden durch die im Bade kräftig angeregte Resorptionsthätigkeit ganz beseitigt und angeschwollene Gelenksenden, verdickte Gelenkbänder gehen oft so zur Norm zurück, dass die Bewegung des Gelenkes wieder frei und schmerzlos wird. — Jedenfalls wird der Ausgang in destructive Gelenksentzündung und Vereiterung in vielen Fällen verzögert, wenn nicht ganz verhütet.

Auch für die Krankheiten der Muskeln gilt hier das Nämliche wie für die übrigen Theile der Bewegungsorgane, insofern sie aus dyskrasischer oder traumatischer Ursache entstanden sind. Die Entfernung der ursächlichen Momente, welche von der herrschenden Dyskrasie herrühren, wird auch auf das locale Uebel seine günstige Wirkung nicht verfehlen. Die Behandlungsweise dieser Krankheiten wird bei der weiter unten zu besprechenden Methode der Anwendung der Bäder nach dem Näheren besprochen werden.

II.

Einiges über die Methode des Badens in den heissen Luft- und Dampfbädern.

Wenn es in der Therapeutik im Allgemeinen von der grössten Wichtigkeit ist, die Behandlung einer Krankheit dem kranken Individuum anzupassen, nach dessen Constitution, nach seinem Alter und Geschlecht und noch anderen Gesichtspunkten die Dosis, die Gestalt des einen oder des anderen Mittels bestimmen oder verändern zu können, so ist das ganz besonders auf dem Gebiete der Hydrotherapie und Balneotherapie der Fall. Kein therapeutisches Verfahren gestattet demselben Spielraum in der Mannchfaltigkeit seiner Variationen wie gerade die beiden genannten und kein therapeutisches Verfahren lässt sich auch deshalb besser jedem einzelnen Individuum, seiner Constitution, seinen Kräften, seinem Alter u. s. w. anpassen. Das schablonenmässige Verfahren, welches auf diesen Gebieten der Therapie und besonders in der Behandlung mit kaltem Wasser von Seiten einzelner Empiriker praktizirt wurde, und die daraus resultirenden Misserfolge waren wohl hauptsächlich mit die Ursache, warum diese Zweige der Therapie nur langsam emporblühten und so mühevoll sich Geltung verschaffen konnten. Seitdem aber diese Verhältnisse sich geändert haben und die beiden Behandlungsmethoden auf experimentellem Wege besonders geprüft und geläutert worden sind, sind sie zugleich und besonders in der allerneuesten Zeit eines der wichtigsten Heilmittel geworden, dessen Wirksamkeit und Wichtigkeit unter anderem in der jährlich zunehmenden Zahl von Anstalten für Bäder- und Kaltwasserkuren seine Anerkennung findet. —

Dass mit solch' energischen und eingreifenden Heilmethoden

viel Gutes aber auch viel Böses geschafft werden kann, liegt auf der Hand und in specie gilt dies von unseren fraglichen Schwitzbädern, weil sie so verschiedenartige und mächtige Heilagentien in sich vereinigen. —

Schon die in unseren Experimenten bewiesenen Unterschiede der heissen Luftbäder von den Dampfbädern lassen die Nothwendigkeit und die Bedeutung der Wahl des einen Bades vor dem anderen erkennen, und unendlich manchfaltiger werden die Gesichtspunkte, wenn es sich darum handelt, wie das einzelne Bad genommen werden soll, sobald es auf die Dauer des Bades, seine Temperatur, auf den Modus der plötzlichen oder allmählichen Abkühlung, auf Abkühlung mit Duschen oder mit Vollbädern, auf deren öftere Wiederholung, auf das Verhalten nach dem Bade u. dgl. mehr ankommt. Alle diese Gesichtspunkte werden ja wieder oft wesentlich modifizirt durch das Geschlecht und das Alter des Kranken, sein Temperament, durch seine mehr oder weniger grosse Resistenzkraft, durch die Art seiner Krankheit, deren Dauer und Complicationen u. s. w. Die Schwierigkeit, ja die Unmöglichkeit für jeden Einzelfall die individuell passende Bademethode aufzustellen, ist aus dem Vorhergehenden ersichtlich, es bleibt dies die Sache der Erfahrung und der Uebung des Praktikers, die ja auch in der Balneotherapie die Hauptsache ausmacht. Wenn wir nun im Folgenden die Anwendung der heissen Luft- und Dampfbäder bei einzelnen Krankheiten besprechen, so soll dabei noch ganz besonders betont werden, dass auch diese Methoden den individuellen Bedürfnissen unterliegen und nach ihnen sich richten müssen.

Bei der Besprechung der einzelnen Akte eines Bades und ihrer Reihenfolge haben wir die Einrichtungen des hiesigen Friedrichsbades im Auge und verweisen zum besseren Verständniss derselben auf den angefügten Plan. —

Wir beginnen mit der Besprechung der Bademethode zum diätetischen Gebrauche. Es handelt sich hier meistens nicht blos darum, das Bad zu allgemeiner Erfrischung oder gründlicher Reinigung zu nehmen, sondern in sehr vielen Fällen zur Beseitigung von Krankheitsanlagen, zur Zerstörung von Krankheitskeimen, welche im Organismus schlummern und durch irgend welche gesundheitsschädliche Ursachen in ihn gelegt wurden.

— 100 —

Die Constitution des Badenden, seine Reaktionskraft und Resistenz ist auch hier maassgebend für den Gebrauch des Bades. Es bleibt dem Ermessen des Arztes anheimgestellt, ob in heisser Luft oder im Dampfe, oder in beiden abwechselnd gebadet werden soll. Wohl bei allen hier in Betracht kommenden Badenden soll eine ausgiebige Transpiration abgewartet werden und darnach richtet sich die Dauer des Bades, welche sich in heisser Luft bis zu 1 und 1½ Stunden, im Dampfe bis zu 15 bis 25 Minuten ohne Unterbrechung erstrecken kann. Im Dampfbade werden mit einer Abkühlung durch Dusche oder Vollbad nach 15 oder mehr Minuten das aufgeregte Gefässsystem, die zu grosser Hast angeregte Respiration und die erhöhte Körpertemperatur, Erscheinungen, die oft mit drückendem und spannendem Gefühle im Kopfe und der Brust verbunden sind, wieder ausgeglichen und beruhigt und der Badende betritt von Neuem die Dampfstube, um nach einiger Zeit abermals den erhitzten Körper mit kaltem Wasser zu übergiessen.

Nach dem Schwitzen im Bade ist in den verschieden temporirten Vollbädern und Duschen (in Abstufungen von 37° bis 10°C.) jeder Modus der Abkühlung, die nur allmähliche durch Uebergang von dem wärmeren zum weniger warmen Wasser, oder die plötzliche durch Anwendung des kalten Vollbades oder der kalten Brause je nach Gewohnheit und Constitution des Badenden ermöglicht. Es muss jedoch diesen Badegästen, welche nach dem Bade sofort ihren gewohnten Tagesbeschäftigungen wieder nachgeben, als unabänderliche Maassregel anempfohlen werden, das Bad nicht zu verlassen, ohne vorher durch eine kräftige Abkühlung mittelst Brause und Vollbad die Temperatur des Körpers zur Norm herabgedrückt, die Transpiration beendigt und die Blutcirculation wieder geregelt zu haben. Die meisten Leute legen sich nach dem Bade noch für einige Zeit leicht bedeckt zur Ruhe; doch ist dies in diesen Fällen, wo das Bad zu diätetischen Zwecken gebraucht wird, nicht allgemein nothwendig. —

Die während des Bades gebräuchlichen Abreibungen, Massirungen, Abwaschungen und Einseifungen bezwecken die Steigerung der Transpiration oder die gründliche Entfernung der vertrockneten Epidermis und die Reinigung der Haut; sie sind im Ganzen nicht wesentlich zur Vollständigkeit des Bades und können dem

Belieben des Badenden anheimgegeben werden, doch werden sie ihrer Annehmlichkeit wegen meistens nicht ausgelassen. Im Ganzen sollten für ein solches Bad mindestens 1½ bis 2 Stunden aufgewendet werden. Wie oft solche Bäder zum diätetischen Gebrauche genommen werden sollen, hängt von dem Befinden der badenden Person ab; kräftigere Leute baden öfter, schwächere seltener; im Allgemeinen müssen 1 bis 3 Bäder in der Woche ausreichen, es können hier, wie es leicht verständlich ist, die verschiedensten Abstufungen und Anordnungen getroffen werden. —

Während wir also für den diätetischen Gebrauch des Bades jede nur mögliche und dem Badenden genehme Methode (mit Ausnahme der energischen Abkühlung am Schlusse des Bades) gestatten können, treten für Kranke Baderegeln in Anwendung, die noch besonderer Beachtung empfohlen werden müssen. Dass hier die individuelle Resistenz des Kranken, sein Alter, seine Krankheit die Methode des Badens diktiren, ist klar und noch schon oben besprochen worden. Wir haben es demnach mit der Verordnung von Bädern von nur wenigen Minuten Dauer bis zu Stunden langer Ausdehnung zu thun, je nachdem die Wirkungen auf den Organismus gewünscht werden; vom thermischen Effekte an, bis zu dem den Stoffwechsel tiefer alterirenden und die Körpertemperatur erhöhenden Einflusse. Die thermischen Effekte wieder werden als sehr intensive mit weit von einander abstehenden Temperaturen (Schwitzbad 50° R. od. 62° C. und kaltes Vollbad 12° R. (15° C.) oder als weniger heftige mit weniger differenten Temperaturen gebraucht (Schwitzbad 40° R. 50° C., warmes Vollbad 30° R. 37° C., Wildbad 27° R. 34° C.) und ein oder mehrere Male wiederholt.

Auch die Schwitzkuren werden entweder stürmisch eingeleitet durch sofortiges Betreten des wärmsten Raumes oder nur allmählich durch Uebergang von dem weniger warmen zum wärmeren Bade. Gerade in dem letzten Falle sind auch für sehr ängstliche und empfindliche Naturen alle Bequemlichkeiten geboten; denn das Friedrichsbad besitzt Räume, welche auf 30, 37, 42, 50 und 60° C. erwärmt sind und in unmittelbarer Verbindung unter einander stehen, so dass ein allmählicher Uebergang in den verschieden temperirten Räumen bequem bewerkstelligt werden kann.

Für Gichtkranke und Rheumatiker von kräftiger Constitution, bei welchen es sich um die ausgiebige Anregung des Stoffwechsels und Ausscheidung von pathologischen Körperbestandtheilen handelt, sind Dampfbäder den heissen Luftbädern vorzuziehen, während bei Andern, die an leicht erregbarem Gefässystem leiden, die heissen Luftbäder vorzüglich Verwendung finden werden (in passenden Fällen mit kurzem Aufenthalte im Dampfbade nach dem heissen Luftbad); nach gehörig lange abgewarteter Transpiration, eventuell auch zu noch kräftigerer Anregung derselben sind die Frottirungen mit Bürsten und rauhen Handschuhen, oder die Bearbeitungen des Körpers mittelst belaubter Birkenruthen im Gebrauche. Diesen Proceduren, welche je nach dem individuellen Falle verschieden lange angewendet werden, folgen die Abkühlungen, welche auch wieder nach Bedürfniss nur allmählich oder plötzlich zur Verwendung kommen. Sind allmähliche Abkühlungen angezeigt, so werden die Uebergänge vom Schwitzbade zu den Piscinen oder Brausen von 37, 34, 25 und 15° C. benutzt. Im anderen Falle diese Piscinen oder Brausen von grösserem Temperaturunterschiede mit dem Schwitzbade. —

Aus unseren Experimenten ist es ersichtlich, dass Dampfbäder in ausgiebiger Weise auf den Umsatz von Körperbestandtheilen, Ausscheidung von Harnsäure, Harnstoff und Milchsäure und heisse Luftbäder vorzüglich nur auf den Kreislauf des Wassers wirken und die übrigen genannten Ausscheidungen in weniger intensiver Weise angeregt werden. Kranke, welche der heftigen Wirkungen wegen Dampfbäder nicht nehmen können, müssen also heisse Luftbäder in schnellerer Wiederholung und grosser Anzahl gebrauchen, um die eingreifenden Effekte auf den Stoffwechsel zu erreichen. Besonders wichtig ist diese Beobachtung für solche Rheumatismus- und Gichtkranke, welche mit complicirenden Herzleiden behaftet, die stürmischen Wirkungen des Dampfbades auf das Gefässystem nicht aushalten. Für diese besonders ist die mildere Anregung des Stoffwechsels in der heissen Luft vorzuziehen. —

In ähnlicher Weise wie für Gichtkranke und Rheumatiker werden die Schwitzbäder für solche Kranke verwendet, welche an allgemeiner Fettsucht leiden. Auch hier sind die Dampfbäder besonders wegen der bedeutenden Herabsetzung des Körpergewichtes, welche sie bewirken, den heissen Luftbädern vorzuziehen; und letztere sind nur in den Fällen zu verwenden, wo ähnliche Rücksichten von Seiten des Gefässystems, wie die oben genannten, beachtet werden müssen. —

Die milderen Badeweisen sind besonders bei scrophulösen Individuen angezeigt, welche im Allgemeinen von zarter und leicht erregbarer Constitution sind, und eine eingreifende und ermüdende Umstimmung und Anregung des Stoffwechsels nicht gestatten. Solche meist blutarme und schwächliche Leute mit mangelhafter Wärmebildung verbleiben mit grossem Behagen in dem nur auf 30° C. erwärmten Luftraum des warmen Vollbades oft Stunden lang; die mit Feuchtigkeit gesättigte Luft führt dem Körper Wärme zu und regt nur langsam zu leichter Transpiration an. Ausser diesem Raum kann der auf 37° C. geheizte Frottirraum benutzt werden und erst zum Schlusse wird hie und da noch auf wenige Minuten der heisse Dampfraum von 42 bis 50° C. betreten werden. Der Aufenthalt in diesen Räumen wird von diesen Kranken zweckmässig mit dem in den verschieden temperirten Vollbädern abgewechselt und zum Schlusse des Bades werden kurz dauernde und kräftige oder lange anhaltende und nicht sehr intensive Abkühlungen angezeigt sein, je nach der Constitution und Kraft des Kranken. — Diese weniger warmen Schwitzzimmer sind für Kranke, welche noch in jugendlichem Alter stehen, angezeigt, besonders wenn sie an der sogenannten erethischen Form der Scrophulose leiden, während für die torpide Form die heissen Dampfräume und auch die heissen Luftbäder verwendet werden dürfen.

Kranke, welche an constitutioneller Syphilis leiden, gebrauchen Dampfbäder und heisse Luftbäder abwechselnd oder ausschliesslich je nach dem Grade des Leidens und ihrer Resistenz. Werden solche Kranke zugleich mit der Inunctionskur behandelt, so gebrauchen sie zweckmässig warme Wannenbäder abwechselnd mit den Schwitzbädern und zwar in der Weise, dass nach 3 bis 4 aneinander folgenden Wannenbädern jeweils die Einreibungen vorgenommen werden und nach diesen in 1 bis 2 Schwitzbädern die Haut von der anhaftenden Salbe wieder gründlich gereinigt wird, um sie von Neuem für die Aufnahme des Mittels nach den jetzt wieder folgenden Wannenbädern tauglicher zu machen. Die Schwitzbäder verhüten zugleich auch den Ausbruch der so lästigen Exantheme, wegen welcher diese Kuren sonst so oft unterbrochen werden müssen.

Kranke, welche mit chronischen Katarrhen der Bronchien behaftet sind, werden, wenn sie an Athemnoth leiden, vorzüglich nur die milderen Wärmegrade benutzen. Der Luftraum des 37°C. warmen Vollbades, mit Feuchtigkeit gesättigt und auf 30 bis 32°C. erwärmt, eignet sich besonders für diese und in angemessener Steigerung der Temperatur zu 37, 43, 45 und 50°C., wie sie in den unmittelbar anstossenden Räumen des Frottirzimmers und der Dampfkammern herrscht, wird dem Bedürfnisse dieser Kranken je nach ihrer Eigenthümlichkeit Rechnung getragen. — Für die diesen Kranken am Schlusse des Bades nothwendigen Abkühlungen ist in den mannichfaltigen Brausen und Vollbädern, wie schon des Oefteren erwähnt, in jeder Weise gesorgt.

Kranke, welche noch mit Resten von pleuritischen Exsudaten behaftet sind, ertragen die in weniger eingreifender Weise verordneten Schwitzbäder meistens sehr gut und die Resorption des Exsudates wird durch dieselben wesentlich beschleunigt. Für diese Kranken besonders eignet es sich, nach dem Bade noch mit wollenen Decken leicht bedeckt, lange auszuruhen.

Für an Morbus Brightii Leidende, bei welchen durch eine kräftige Anregung der Transpiration eine ausgiebige Entlastung der Nieren erzielt werden soll, sind die Einpackungen in wollene Decken nach dem Schwitzbade ein wesentlicher Bestandtheil des Bades. Nachdem solche Kranke vorzüglich im heissen Luftbad die Haut in vollen Schweiss gebracht haben, werden sie mit einer lauwarmen Dusche abgespült und in wollene Decken eingepackt, in welchen sie je nach Bedürfniss bis zu 1 Stunde nachschwitzen. Die Abkühlungen dürfen bei solchen Kranken nicht plötzlich und sehr intensiv verordnet werden, wegen der dadurch momentan gesteigerten Fluxion nach dem Innern des Körpers. Solche Kranke gebrauchen die Abkühlungen nur in sehr moderirter Weise und verbleiben unter Umständen nach dem Bade noch längere Zeit auf ihrem Zimmer, wo sie das allmähliche Aufhören der Transpiration abwarten müssen.

Diese soeben erwähnte Vorsicht im Gebrauche nur allmählicher Abkühlungen ist besonders auch bei den Kranken zu empfehlen, welche an complicirenden Herzleiden, an Neigung zu Congestionen, Blutwallungen nach inneren wichtigen Organen des Körpers leiden. — Vollbäder und Brausen werden nur in gradatim abnehmenden Wärmegraden zur allmählichen Abkühlung des erhitzten Körpers und zur Herabsetzung des Pulses auf die Norm verordnet, weil der durch die plötzliche Abkühlung erzeugte Choc und die rasche Verdrängung des Blutes von der Oberfläche des Körpers nach seinem Inneren leicht unangenehme Zufälle verursachen kann. Herzkranke, welche die Schwitzbäder benutzen dürfen, werden überhaupt nur die milderen Wärmegrade im Raume des warmen Vollbades und im Frottirraume benützen, oder die heissen Luftbäder, weil in letzteren die Beschleunigung der Herzaction weniger intensiv wird und nicht lästig ist, wie in den Dampfbädern. Treten indess Brustbeklemmungen, Herzklopfen, oder Schwindel bei solchen Kranken ein, so ist eine milde Abkühlung das richtige Mittel diese Symptome sofort verschwinden zu machen, so dass der warme Baderaum abermals betreten werden kann.

Unter den Krankheiten der Gelenke eignen sich besonders jene mit wässerigen Exsudationen, vermehrter Synovia, ohne destructive Veränderungen an den Gelenksenden. Ausser den allgemeinen Schwitzbädern sind hier die localen Behandlungen des kranken Gelenkes mittelst Dusche und Massage von besonderer Wichtigkeit. Die mehr oder weniger energische Verwendung des Bades hängt natürlich auch hier von der Constitution und der Art der Krankheit ab. Ein kräftiger Rheumatiker wird mehr ertragen können, als ein in Folge von scrophulöser Dyskrasie mit geschwollenen Gelenken behafteter.

In der mannichfaltigsten Weise wird die Methode des Badens in der Verordnung gegen Krankheiten des Nervensystems im Besonderen und durch die nervöse Constitution des Kranken im Allgemeinen beeinflusst. Gerade bei diesen Krankheiten kommen die sämmtlichen Abstufungen im Gebrauche dieser Bäder, von der Wirkung des thermalen Effectes an, in ganz kurz dauernden Bädern bis zu den lange anhaltenden, welche den Stoffwechsel in bekannter Weise ergreifen und alteriren, in Anwendung. Allgemeine Nervosität, manche Formen von Hysterie eignen sich meistens — auch hier giebt es Ausnahmen — für kurz dauernde Bäder mit wenig differenten Temperaturen im Anfang der Kuren und grösseren Differenzen bei zunehmender Kräftigung des Patienten. Neuralgien gestatten besonders bei kräftigen Individuen energische Anwendung der Schwitzkuren mit kräftigen localen Duschen und allgemeinen Begiessungen durch kalte Brausen, ebenso Lähmungen, welche durch rheumatische, gichtische oder syphilitische Exsudate bedingt sind. Die Schwierigkeit der Diagnose bei manchen dieser letzteren Erkrankungen mahnt allerdings zu grosser Vorsicht bei Anwendung der Schwitzbäder. Mehr oder weniger lange Pausen werden zwischen den einzelnen Schwitzbädern eingeschoben und je nach Alter und Constitution u. s. w. durch gewöhnliche Thermalwasserbäder oder durch anderweitige Behandlungsweisen ausgefüllt. Von oft frappanter Wirkung sind diese Bäder mit Verwendung sehr differenter Temperaturen bei gewissen Formen von Hysterie, indem sie nicht blos die vegetative Seite des Organismus durch die erzielte kräftige Ernährung stärken, sondern auch die psychischen Kräfte stählen, wenn solche Patienten mit im Schwitzbade erhitztem Körper sich plötzlich einer bedeutend niedrigeren Temperatur unter der Brause oder im Vollbade aussetzen müssen.

Die Beantwortung der Frage, wie oft diese Bäder gebraucht werden können und sollen, hängt ebenso wie die Methode des Bades von den mannichfaltigsten Bedingungen ab, welche an das Alter und die Constitution des Kranken, die Art der Krankheit u. s. w. geknüpft sind. Kräftige Leute können eine ununterbrochene Reihe derselben benützen, während schwächliche Unterbrechungen eintreten lassen müssen. — Die heissen Luftbäder werden ihrer weniger heftigen Wirkungen auf den Stoffwechsel ceteris paribus in grösserer Zahl und längerer Folge genommen werden können, als Dampfbäder. Die Unterbrechungen sind für einen oder mehrere Tage nothwendig, und es wird an diesen Tagen entweder vollständig der Ruhe gepflegt, oder sie werden zweckmässig mit dem Gebrauche anderer Bäderweisen, wie Wannenbäder, Schwimmbäder, Duschen u. s. w., oder mit der Verordung der Massage, Gymnastik, oder fleissiger Körperbewegung im Freien, wie es eben der einzelne Fall erfordert, ausgefüllt. —

Die Zahl der Bäder ist unbeschränkt, wir haben Fälle zu verzeichnen, in denen Kuren mit bis zu 60 und 100 Dampfbädern gebraucht werden mussten, um vollkommene Heilung zu erzielen. Es ist wohl selbstverständlich, dass in Fällen, wo die ganze Constitution in Folge schon Jahre lang bestehender Krankheiten tief alterirt ist, Kuren von 20 Bädern (eine so allgemein mit Unrecht angenommene Normalzahl), nicht ausreichen, um eine gründliche Umstimmung des Stoffwechsels zu erzielen. —

III.
Plan und Beschreibung der grossen Gesellschaftsbäder im Friedrichsbade zu Baden-Baden.

Von der Hauptreppe (1) führen kurze Treppenaufgänge 1° nach rechts und links in die grossen Gesellschaftsbäder, welche die Dampfbäder, die heissen Luftbäder, die verschiedenen Schwimmbäder und Duschen in sich vereinigen und zwar zunächst zu 3 und 4 den Aus- und Ankleideräumen. Ein gallerieartiger Saal, in welchem sich die Cabinen, die zum Theil mit Ruhebetten ausgestattet sind, befinden. Die Säle sind durch matte Oberlichter beleuchtet, hoch und luftig und haben eine Temperatur von 22° C. (17° R.) Aus diesem Raume führen drei Zugänge: zu dem grossen Schwimmbade (5), dem warmen Vollbad (7) und den Räumen für die heisse Luft (8).

5. *Das grosse Schwimmbad* ist ein kreisrundes Bassin von 8,50 M. Durchmesser und 1,30 M. Tiefe, überragt von einem Kuppelbau von 15 M. Höhe und 13,10 M. lichtem Durchmesser. Die Temperatur des Bades ist 26° C. (21° R.), die der Luft 23° C. (18° R.). Das Wasser wird durch beständigen Zufluss fortdauernd erneuert. In der an das grosse Schwimmbad anstossenden grossen Nische befindet sich:

6. *Das Wildbad:* ein mit Sand belegtes, geräumiges Sitzbassin von 0,60 M. Tiefe. — Die Temperatur dieses Bades ist 34° C. (27° R.); die der Luft 23° C. (18° R.).

7. *Das warme Vollbad* in einem kleineren 10 M. langen und 5,70 M. breiten, durch eine zierliche Kuppel gekrönten Raume,
    Temperatur des Wassers 37° C. (30° R.),
    Temperatur der Luft   30° C. (24° R.).

8 u. 8°. *Die zwei Räume für die Bäder in heisser Luft:*
8. der grössere von 9,50 M. Länge, 5,30 M. Breite, 5,50 M. Höhe.
8°. der kleinere von 4,30 M. Seitenlänge und 3,30 M. Höhe. —
Temperatur des grösseren Raumes 53° C. (42° R.)
Temperatur des kleineren Raumes 65° C. (52° R.)
(Im grossen Raume ist ein Brunnen mit frischem Wasser.)

9 u. 9°. *Die zwei Räume für die Dampfbäder:* 9. der grössere von 5,80 M. Länge, 5,60 M. Breite und 3,60 M. Höhe. 9°. der kleinere von 2,50 M. Länge, 5,60 M. Breite und 3,60 M. Höhe. Die beiden Räume sind durch eine Glaswand in Ihrer ganzen Breite von einander getrennt.
Temperatur des grossen Raumes 45° C. (36° R.)
Temperatur des kleinen Raumes 53° C. (42° R.).
In beiden Räumen sind kühle Brausen und Brunnen mit kaltem Wasser. —

10. *Der Frottirraum;* ein geräumiges Gelass von dem heissen Luftbad und den Dampfbädern zugänglich. —
Temperatur der Luft 37° C. (30° R.) mit Brause von beliebig variabler Temperatur. —

11. *Der Duschensaal:* von 13,20 M. Länge, 5 M. Höhe und grösster Breite von 6,30 M. — enthält 10 Apparate für Douchen und Brausen von verschiedenen Formen und Temperaturen und verschiedener Druckhöhe (Kapellendusche, Sitzdusche, Strahldusche, Schottische Dusche, Grosse Brausen mit Hochdruck).
Die Temperaturen dieser Duschen sind nach Belieben zu verändern. Ausser den Duscheapparaten enthält dieser Saal auf der Abtheilung für Männer ein

11°. *Vollbad* von 1,20 M. Tiefe und 12° C. (10° R.) Temperatur, auf der Abtheilung für Frauen:

11ᵇ. *ein grosses Schwimmbassin* von 30° C. (24° R.).
Aus dem Duschensaal gelangt man zu

11°. *dem Abtrocknenraum* mit den Wäscheschränken und Wäschewärmern.
Temperatur 28° C. (22° R.) und von da zu

12. *dem Ruhesaal:* mit Divans und Ruhebetten, Armstühlen u. s. w. ausgestattet.
Temperatur 20° C. (16° R.).

Die sämmtlichen Räume stehen, wie der Plan zeigt, in unmittelbarer Verbindung zu einander, sind gut ventilirt und angenehm hell beleuchtet. Die Böden sind überall durch durchfliessendes heisses Wasser erwärmt. Anstossend an diese Baderäume findet sich

2. *die grosse Halle*, im Winter geheizt bis zu 17.° C. (13° R.), ein angenehmer Aufenthalt vor und nach dem Bade, zum Ausruhen oder Promeniren. —

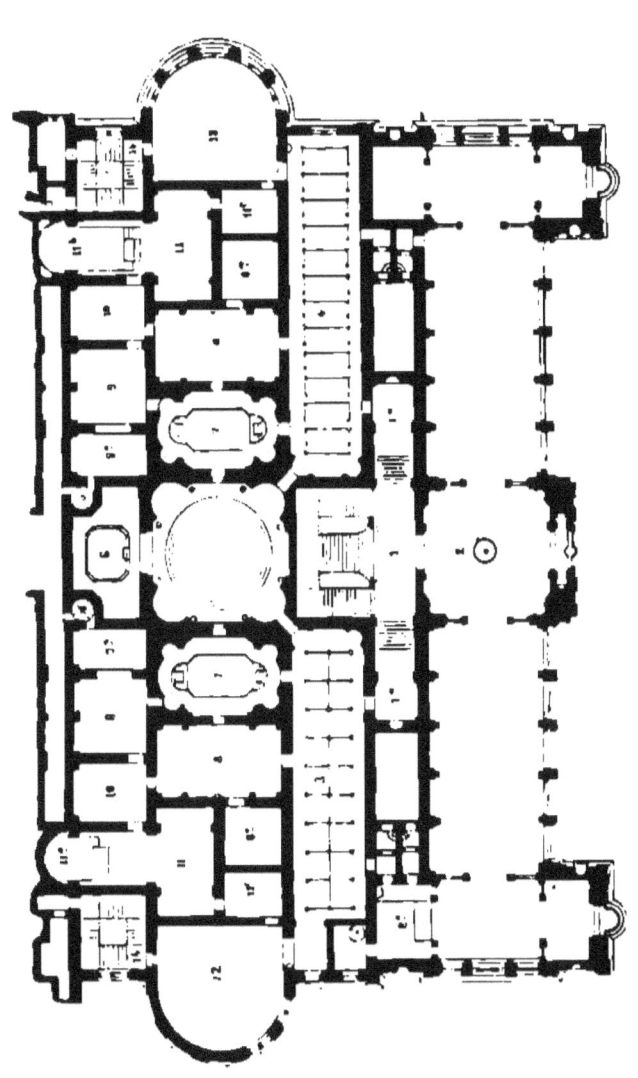

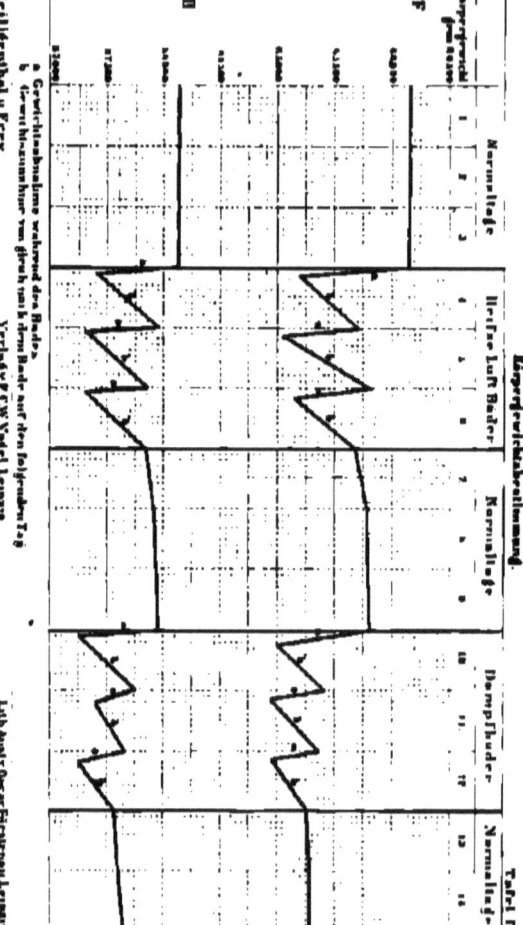

www.ingramcontent.com/pod-product-compliance
Lightning Source LLC
Chambersburg PA
CBHW032152160426
43197CB00008B/882